기업은 누구의 것인가

기업은 누구의 것인가

서가
명강
23

한국 기업에
거버넌스의 기본을 묻다

이관휘 지음

서울대학교
경영대학 교수

21세기북스

인문학
人文學, **Humanities**

언어학, 역사학, 종교학,
문학, 고고학, 미학, 철학

사회과학
社會科學, **Social Science**

경영학, 심리학, 정치학, 사회학,
외교학, 법학, 경제학

자연과학
自然科學, **Natural Science**

과학, 수학, 천문학,
물리학, 생물학,
화학, 의학

경제학
經濟學,
Economics

공학
工學, **Engineering**

기계공학, 전기공학, 컴퓨터공학,
재료공학, 건축공학, 산업공학

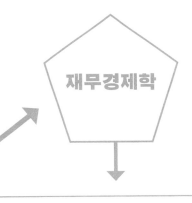

재무경제학

재무경제학이란?

財務經濟學, Financial Economics

기업을 중심으로 돈의 흐름을 연구하는 경제학의 하위 분야다. 기업이
생존하고 발전하기 위해서는 영업을 해야 하며, 이를 위해서는 우선
프로젝트를 평가해 투자 결정을 내려야 하고, 그것을 실행하기 위한
자본조달 계획이 뒤따라야 한다. 또한 프로젝트의 결과를 투자자들에게
어떻게 배분할지 또한 중요한 의사결정의 하나다. 투자자들은 주로 주주나
채권자들이며, 이들은 기업의 경영진과 끊임없는 갈등관계에 있다. 주주들
간 갈등이나 주주와 채권자 간의 갈등 또한 중요하게 다루는 주제다. 이
갈등을 제대로 통제하지 못할 경우 기업가치에 막대한 손실을 가져올 수
있기 때문이다. 재무경제학의 한 분야인 기업재무는 이런 갈등관계에
집중한다. 또 다른 분야는 투자론이다. 기업이 발행한 주식이나 채권(때에
따라서는 파생상품까지)은 어떻게 거래되며 그 가격은 어떻게 결정되는지,
만약 그 가격이 적정가격이 아닐 때 어떤 일이 벌어지는지, 다양한
금융상품을 통해 어떻게 위험을 관리할 수 있는지 등을 다룬다. 자본시장이
효율적으로 작동하는 것의 중요성은 아무리 강조해도 지나치지 않다.
재무경제학에 대한 관심이 수십년 동안 폭발적으로 증가한 이유다.

이 책을 읽기 전에 주요 키워드

주주우선주의(shareholder primacy)

주주, 경영자, 임직원, 노동자, 채권자, 소비자, 하청업체 등 이해관계자들은 물론 지역사회, 국가, 대륙, 지구 등 기업과 연관된 무수한 주체들 가운데 오직 주주만이 기업의 주인이라고 여기는 사고 체계를 말한다. 이에 따르면 경영의 목적은 기업의 주인인 주주의 부, 즉 주가를 극대화하는 데에 있다.

경영 판단의 원칙(business judgment rule)

이사회가 기업의 이익을 위해 공정하게 판단하고 성실하게 의사결정을 내렸다고 생각된다면 기업의 어떤 프로젝트가 설령 손해를 발생시켰더라도 그것을 승인한 행위를 배임죄로 처벌해서는 안 된다는 원칙이다.

주주행동주의(shareholder activism)

주주가 배당금이나 시세 차익을 수동적으로 챙기기만 하던 관행에서 벗어나 기업의 의사결정에 적극적으로 개입하고 영향력을 행사해 주주가치를 높이는 행위를 말한다. 주주행동주의는 주주의 권리를 제고하는 장점이 있는 반면, 경영자에게 자사주를 매입하거나 배당을 늘리라고 압박함으로써 회사의 단기적 가치 증진을 위해 장기적 성장 가능성을 희생하도록 부추기기도 한다.

사모펀드(private equity)

비공개적인 채널을 통해 몇몇 투자자들로부터 자금을 끌어 모아 투자하는 펀드다. 공모펀드가 다수의 투자자들로부터 공개적으로 자금을 모집해 투자하는 것과 대비된다. 공모펀드는 수많은 이해관계가 얽힐 수 있고, 투자자 보호 또한 작지 않은 이슈여서 각종 규제를 따라야 하는 부담이 있다. 반면 사모펀드는 자금을 투자한 기관 투자자나 상당 수준의 자산가들의 요구를 충족하면 공모펀드보다 적은 수준의 규제만 적용된다.

스튜어드십 코드(stewardship code)

연기금과 자산운용사 등 기관 투자자들의 의결권 행사를 적극적으로 유도하기 위한 자율 지침으로, 기관 투자자들이 투자 기업의 의사결정에 적극 참여해 주주와 기업의 이익 추구, 성장, 투명한 경영 등을 이끌어내는 것이 목적이다. 국내에서는 최대 투자 기관인 국민연금이 2018년에 스튜어드십 코드를 도입해 투자 기업의 주주가치 제고, 대주주의 전횡 저지 등을 위해 주주권을 행사하고 있다.

포이즌 필(poison pill)

약한 동물이 힘센 동물에게 잡아먹히지 않기 위해 독이 든 알약을 먹는 것처럼 인수합병의 위협으로부터 벗어나기 위한 독소 조항을 만들어두는 것을 의미한다. 예를 들어 적대적 인수합병 위협이 현실화할 경우 새로운 주식을 발행해 기존 주주들이 시가보다 싼 가격으로 이를 인수할 수 있도록 함으로써 인수자들의 지분율을 희석시켜 위협으로부터 벗어날 수 있다.

테뉴어 보팅(tenure voting)

장기간 보유한 주식에 더 많은 의결권을 부여하는 차등의결권 제도 중 하나다. 주식을 소유한 기간이 단 5분인 사람과 30년 동안 그 주식을 갖고 있던 사람이 똑같이 1표의 의결권을 행사한다는 것 자체가 불합리하다는 생각을 바탕으로 장기간 보유한 주식에 대해서는 그만큼 더 많은 의결 가치를 부여해야 한다는 제도다. 이 제도는 프랑스에서 처음 만들어졌다.

터널링(tunneling)

회사 금고 밑에 터널을 뚫어 회사 재산을 빼돌린다는 뜻의 학술 용어로, 지배주주가 자신의 지배권을 이용해 기업의 자원을 자신들의 이익을 위해 전용하거나 도용, 이전함으로써 소액주주들에게 손해를 끼치는 행위 등을 일컫는다.

차례

1부   주주가 기업의 주인이다?

2부   얽히고설킨 대리인 문제와 그 해법

"기업의 내부를 들여다보면
또 다른 치열한 생태계가 보인다."

개미를 위한 기업 생태계 입문서

'동학개미'라고 한다. 그들이 '영끌'을 한다고 한다. 앞과 뒤, 위와 아래가 모두 막혀 도저히 빠져나가지 못할 것 같은 상황에서 벗어나려면 코로나19로 인한 주가 폭락과 급반등이 이어지는 2020년부터 몇 년 동안이 앞으로 다시 오기 힘든, 인생에서의 마지막 기회일 거라고도 한다. 지난 몇십 년 동안 자신의 부를 증식시키는 데에 가장 인기 있고 효과적이었던 방법, 즉 열심히 일해서 작은 집 한 칸 마련하고 이를 기초로 재산을 증식시키는 식의 방법은 최근 몇 년 사이 박살난 꿈이 되어버렸다. 이제 남은 방법은 주식이나 암호화폐뿐인 것처럼 보인다.

　동학개미 열풍을 보면서 이제 주식투자는 21세기 대한

민국이라는 각자도생의 세계에서 살아남기 위한 생존의 문제로 바뀌고 있음을 느낀다. 사실 자신의 분야에서 열심히 일해 살아남기도 바쁘고 힘든 마당에 틈틈이 짬을 내어 전 세계 반도체 업무 현황에 대한 정보를 모으고, 앞으로 바이오산업이 과연 유망할 것인지, 2차전지산업은 어떤지, 카카오와 네이버의 유사점과 차이점은 무엇인지를 공부해야 한다는 사실이 마냥 반가운 일은 아닐 것이다. 그렇잖아도 세상살이가 험난한데 이런 노력들까지 생존의 조건으로 추가된다는 것을 어떻게 맘 편히 받아들일 수 있겠는가. 그러나 동학개미 운동을 그저 견고한 절벽을 사이에 두고 양단으로 나뉜 불평등을 넘어서기 위한 처절한 노력으로 보는 것에서 그칠 수는 없다. 싫든 좋든 많은 사람들이 시장에 참여하고 있는 만큼 어떻게 하면 더 많은 사람들과 주식시장의 장점을 공유할 수 있을지에 대한 고민이 필요할 것이다.

이 책에서 나는 주식, 채권, 파생상품 등 유가증권의 가장 큰 기초가 되는 '기업' 자체에 대한 다양한 이슈들을 살펴볼 것이다. 칼 마르크스가 『자본론』에서 자본주의의 세포는 상품이라며 상품 분석을 가장 기초에 놓고 정치경제학 이론을 전개했듯이, 현재 주식시장에서, 아니면 우리가 살고 있는 현대 금융자본주의 사회에서 가장 기초적인 세포는 아마도 기업일 테니 말이다.

　기업의 내부를 들여다보면 또 다른 치열한 생태계가 보인다. 지배주주와 일반주주, 경영자 그리고 채권자의 이해관계가 복잡하게 얽혀 있고, 때로는 자신의 이익을 위해 다른 주체들의 이익을 침해하는 행위도 거리낌 없이 행해진다. 심지어 이들의 이해관계는 자본과 채무로 구성된 기업의 자산가치 자체를 상승시키는 일과 일치하지 않는 경우도 많다. 경영자와 지배주주, 일반주주 그리고 채권자 등 여러 주체들은 주어진 상황에서 어떻게든 자신에게 가장 이득이 되게끔 상대방을 압박한다. 그리고 이런 갈등 상황은 아주 자주, 기업가치 파괴로 진행된다.

　최근에는 기업이 책임져야 할 이해관계자들이 대폭 늘었다. 주주나 채권자뿐만 아니라 노동자, 소비자, 공급 사슬에 얽혀 있는 다른 회사의 임직원들, 지역사회와 국가,

환경 문제를 포함하는 광범위한 대상들의 이해관계가 기업을 통해 만족될 수 있도록 강제하는 새로운 패러다임이 큰 힘을 얻고 있기 때문이다. ESG로 불리는 이 같은 흐름은 이제 주주만이 기업의 주인이 아니며, 따라서 기업 경영의 목적도 주주의 부의 극대화가 아니라 환경Environment, 사회Society 그리고 기업지배구조Governance와 관련된 이슈를 광범위하게 포괄해 이들을 모두 목적함수로 고려할 것을 강제하고 있다. 우리는 지금 기업을 보는 전통적 시각에 지각변동이 일어나는 순간들을 살아내고 있는 셈이다.

사실 '기업의 주인은 누구인가?'라는 질문은 오래된 클리셰다. 밀턴 프리드먼 이후 주주우선주의가 자본주의의 급격한 발달과 경제성장에 눈부신 도움을 준 것은 맞지만 이제는 새로운 관점이 필요한 시기라고 주장하는 목소리가 이미 어느 때보다 높기 때문이다. 2000년대 후반 글로벌 금융위기에서 드러난 투자은행들의 탐욕스런 민낯, 성장과 발전 과정에서 기업들이 보여준 무수한 환경 파괴, 갈수록 커지는 불평등과 같은 문제들은 우리에게 주주를 중심으로 기업을 보는 전통적 시각을 수정할 것을 끊임없이 요구해왔다.

새로운 패러다임을 만들고 이를 굳건히 다지기 위해 우리는 우리가 그동안 쌓아올린 지식들을 다시 한 번 살펴봐야만 한다. 기업의 주인이 누구인가에 대한 답을 찾아가기 위해서는 기업과 관련해 살펴봐야 할 다양한 문제들이 있기 때문이다.

먼저 주주우선주의가 무엇인지, 그리고 그것의 문제점은 무엇인지에 대해 살펴보고, 주주우선주의에서 파생되는 다양한 대리인 문제agency problem도 소개할 것이다. 대리인인 경영자와 기업의 주인인 주주와의 갈등, 대주주와 소액주주의 갈등, 주주와 채권자 간의 갈등 등을 살펴보고 왜 그런 문제들이 발생하는지, 이런 문제점들을 어떻게 줄여나갈 수 있을지에 대해서도 이야기해볼 것이다. 간략하게나마 이를 기업의 사회적 책임과 ESG로도 확장시켜볼 것이다. 그리고 이 모든 요소들이 기업가치에 어떤 영향을 미치는지에 대해서도 각 장의 주제마다 연결 지어 함께 이야기할 것이다. 요즘 주식에 부쩍 많은 관심을 두고 있는 분들에게 특히 흥미로운 이야깃거리가 될 거라고 생각한다.

나는 운이 좋았다. 이 책의 바탕이 된 '서가명강' 공개 강의를 전 세계가 코로나로 대차게 얻어맞기 직전인 2020년 1월에 아무런 문제없이 끝낼 수 있었으니 말이다. 난생 처음 대학의 강의실을 떠나 캠퍼스의 학생들이 아닌 일반인 수강생들을 대상으로 강의를 했다. 하루 일과를 마치고 몹시 피곤할 터인데도 새까만 밤에 강의실에 앉아 열심히 수강하던 분들의 열정이 아직도 기억에 선하다. 그것은 신선한 충격이었고, 나는 지금도 수강생 분들께 깊이 감사드린다.

이 책은 기업 내부의 생태계에 관한 입문서, 다시 말해 안내 책자다. 따라서 기업재무 교과서들이 기업지배구조와 관련해 가장 중요하게 다루는 핵심적인 내용들을 중심에 두고 거기에서 멀리 벗어나지 않으려 노력했다. 이 작은 책이 기업의 근본에 대한 질문에 얼마나 많은 대답이 될 수 있을지에 대해 당연히 부끄러운 마음이 크다. 각 장마다 너무 큰 주제들을 너무 간결하게 다룬 것은 아닌지 우려도 된다.

그러나 간략하게 쓰인 책을 통해서도 다양하고 중요한 토픽들을 조금씩이나마 접해볼 수 있다는 것은 소책자의 또 다른 장점이라고 생각한다. 그 목적을 이루는 데에 조금이라도 보탬이 될 수 있다면 이 책은 그 소임을 충분히 다한 것으로 여기고 감사할 따름이다.

'서가명강' 강의 기회를 주신 출판사와 책이 나오기까지 책임을 지고 애써주신 팀장님과 팀원들, 그리고 원고를 읽고 코멘트를 해준 서울대학교 경영대학원의 최지인 학생에게 감사를 전한다.

2022년 4월

이관휘

1부_____

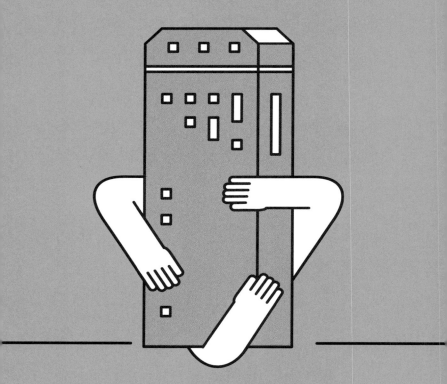

주주가

기업의

주인
이다?

기업 관련 주체들은 주주, 경영자, 임직원, 노동자, 채권자, 소비자, 하청업체 등의 이해관계자뿐 아니라 지역사회, 국가, 대륙, 지구 등으로까지 확장될 수 있다. 이들 가운데 주주가 가장 중요하다고 여기는 사고가 주주우선주의다. 주주를 중심에 놓고 기업을 바라보는 시각은 어디서 왔으며 어떤 문제점을 갖고 있는 것일까?

주주우선주의란 무엇인가

돈의 흐름을 다루는 재무경제학

기업의 주인은 누구인가? 이는 재무경제학financial economics의 가장 기본적인 질문 중 하나다. 재무경제학은 경제학의 한 분야로서 돈의 흐름을 다루는 학문이며, 크게 두 분야로 나뉜다. 하나는 돈의 흐름을 기업을 중심으로 살펴보는 기업재무론corporate finance이고, 다른 하나는 자본시장을 중심으로 살펴보는 투자론investment이다. 예를 들어 당신이 한 회사의 최고경영자라고 하자. 당신은 회사가 현금을 벌어들이기 위해 어떤 프로젝트를 할 것인가를 결정해야 한다. 또한 그 프로젝트를 실행하기 위해 필요한 자본을 어떻게 조달할 것인가도 함께 결정해야 한다.

자본을 조달하는 방법은 매우 다양하다. 회사가 현금이 많아서 보유하고 있는 돈을 쓸 수 있다면 그것이 가장 간단하다. 하지만 그렇지 않을 경우에는 주식을 발행하거나 은행에서 대출을 받아야 한다. 물론 금융시장에서 채권을 발행해 자본을 조달할 수도 있다. 기업은 이렇게 여러 가지 방법을 통해 자금을 조달해 투자하고, 그 결과로 벌어들인 돈을 그 회사에 투자한 사람들에게 되돌려준다. 채권자들에게는 빌린 돈을 갚는 것이고, 주주들에게는 배당금을 주는 것이다.

벌어들인 현금의 또 다른 일부는 다양한 프로젝트에 재투자되거나 연구개발에 투자되어 나중에 더 큰 이익을 도모하는 용도로 쓰인다. 이 모든 과정이 기업재무에서 다루는 주요 내용이다.

투자론은 기업재무와는 또 다른 분야다. 예를 들어 오늘 한 기업의 주가가 5만 원이라고 해보자. 이때 우리는 이런 궁금증이 생길 수 있다. 이 기업의 주가가 5만 원인 이유는 무엇일까? 이 주가에 영향을 미치는 요소들은 무엇일까? 주가는 왜 매일, 매시간, 매초 달라질까? 왜 어떤 주식은 주가가 높고, 어떤 주식은 낮을까? 사람들은 주식에 투자할 때 무엇을 기준으로 종목을 선택할까? 향후 많이 오를 가능성을 염두에 둘까, 아니면 배당을 많이 주는 주식을 선택할까?

어떤 주식의 가격이 향후 오를 거라고 기대한다면 이는 해당 주식이 현재 과소평가되어 있을 가능성이 크다고 생각한 것이다. 예를 들어 어느 기업의 적정 주가가 7만 원인데 현재 5만 원에 거래되고 있다면 사람들은 그 주식을 매수long할 것이다. 반대로 지금 주가가 과대평가되어 있다면 어떻게 할까? 그 주식을 갖고 있다면 갖고 있는 주식들을 가격이 떨어지기 전에 매도sell하려 할 것이다. 만약 내가 주식을 가지고 있지 않다면 보유하고 있는 이들로부터 빌린 후 이를 매도하는 공매도short-sell를 하면 된다. 그리고 이런 투자 행위의 결과로 주가는 또다시 변화하게 될 것이다.

간단히 말해 투자론은, 예를 들어 주식이나 채권 혹은 파생상품의 가격이 어떻게 결정되고 변화하는지를 연구하는 분야다. 과소평가 또는 과대평가된 주식들을 찾아 자산배분 등의 투자 전략을 세우고 투자 성과의 평가까지 포괄적으로 아우르는 분야가 투자론이다. 그리고 기업재무와 투자론 모두에 있어서 기본이 되는 것이 바로 기업이다.

주주우선주의(shareholderism 또는 shareholder primacy)는 말 그대로 주식을 갖고 있는 사람, 즉 주주가 기업의 주인이라는 뜻이다. 내가 한 기업의 주식을 사는 순간, 나는 딱 그 지분만큼 그 기업의 주인이 된다. 기업과 관련된 주체들은 아주 많다. 주주, 경영자, 임직원, 노동자, 채권자, 소비자, 하청업체 등 이해관계자들은 물론이고 더 확장시켜보면 지역사회, 국가, 대륙, 심지어 지구 등의 단어들도 떠올릴 수 있다. 기업과 연관된 이 무수한 주체들 가운데 주주가 가장 중요하다고 여기는 사고가 주주우선주의다. 이런 생각은 어디서 왔고, 어떤 의미를 가지고 있을까? 주주우선주의에는 아무런 문제도 존재하지 않을까?

경영의 신이라 불리는 일본 기업 교세라의 창업자 이나모리 가즈오稻盛和夫는 자신의 책 『아메바 경영』에서 이렇게 이야기한다. "나는 내가 창업한 교세라의 경영 이념을 '전 직원의 물심양면의 행복을 추구함과 동시에 인류와 사회의 진보 및 발전에 공헌하는 것'으로 결정하게 되었다." 그의 이런 경영철학에는 주주뿐 아니라 많은 사람들을 행복하게 만들겠다는 각오가 녹아들어 있다. 심지어 주주보다

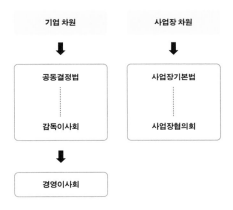

기업 차원 → **공동결정법** ⋯ **감독이사회** → **경영이사회**

사업장 차원 → **사업장기본법** ⋯ **사업장협의회**

공동결정제도

직원들을 더 우선시하는 것으로 보인다.

또 하나의 특이한 예로 독일의 공동결정제도를 들 수 있다. 경영자와 노동자, 즉 노사가 주요 의사결정을 함께 내릴 수 있도록 도입된 제도다.

이 제도의 바탕에 깔린 '사회적 시장경제Soziale Marktwirtschaft'는 자유 경쟁과 기업 자유 등 시장경제의 기본 원칙에 분배를 통한 사회적 정의를 혼합한 체제를 추구한다. 이를 토대로 노동자들이 의사결정 과정에 참여하게 되는데, 도표에서처럼 기업 차원과 사업장 차원, 두 가지 채널로 참여하게 된다.

사업장 차원에서는 경영참여권을 부여한 사업장협의회 Betriebsrat를 통해 의사를 표현하도록 하고, 기업 차원에서는 노사 동수로 구성된 감독이사회Aufsichtsrat를 두어 경영이사회를 꾸리는 중요한 역할을 하도록 했다. 경영이사회에서는 노동이사Arbeitsdirektor 등을 선임하고 이들은 실제로 기업의 중요한 의사결정을 집행한다.

독일에서 이런 제도가 만들어진 데에는 이유가 있다. 제2차 세계대전에서 패한 독일은 전후 재건과 복구를 위해 노동자들의 긴밀한 협조가 필요했고, 이에 노동자와 경영자가 힘을 합쳐 기업을 살리자는 문화가 조성되었기 때문이다. 자연스레 경영의 목적은 주주뿐 아니라 기업에 관계된 많은 이해관계자들의 이익을 함께 고려하는 것으로 설정되었다.

이와 달리 주주우선주의는 앞에서 언급했듯이 주주가 기업의 주인이며 기업을 소유한own 주체라고 본다. 이 경우 경영자는 기업의 주인인 주주들이 고용한 사람이다. 주주들이 경영자를 고용해 의사결정을 맡기는 이유는 그렇게 함으로써 자신들의 이익이 극대화될 것이라고 믿기 때문이다. 이때 경영의 목적은 당연히 주주들의 부를 극대화하는 것이 된다. 그리고 그 방법은 바로 주가를 올리는 것이다. 그렇다면 결국 경영의 목적은 주가를 올리는 것이 된다. 꽤 단순한 결론 같지만 여기에는 아주 많은 문제가 뒤따른다. 이를 좀 더 자세히 살펴보기 전에 우선 경영의 목적인 주가가 어떻게 결정되는지부터 살펴보도록 하자.

주가는 어떻게 결정될까

주식을 사는 이유는 그 주식의 주가가 올랐을 때 팔아 이득 capital gain을 챙기거나 배당dividend을 받기 위함이다. 주식을 가지고 있는 한 배당을 미래의 1시점에 받고[(배당)$_1$], 2시점에 받고[(배당)$_2$], 3시점에 받고[(배당)$_3$], 이런 식으로 계속 받게 될 텐데, 만약 지금 주가가 5만 원이라고 한다면 이는 이런 식으로 미래에 받게 될 모든 배당을 현재가치(현가)로 환산할 때 그 가치가 5만 원이라고 기대한다는 뜻이다.

주가 = 현가(배당)$_1$ + 현가(배당)$_2$ + 현가(배당)$_3$ + …

위의 식에서 오른쪽 부분, 즉 배당 현가의 합을 우리는 흔히 펀더멘털fundamental, 또는 내재가치intrinsic value라고 부른다. 주가가 펀더멘털과 같은 경우 그 가격은 적정가격fair price이 된다. 주가는 대개 장기적으로는 펀더멘털에 수렴된다. 그러나 단기적으로는 거래 시점의 수요(매수)와 공급(매도), 즉 수급에 따라 변동해 펀더멘털에서 벗어나는 경우가 많다. 예를 들어 펀더멘털이 5만 원인 주식이 지금 4만 5000원에 거래되고 있다면 이 주식은 과소평가된 주식이라고 볼 수 있다. 이런 주식은 펀더멘털을 찾아가는 과정에서 주가가 오를 가능성이 크므로 매수하는 편이 좋을 것이다. 반대로 현재 주가가 6만 원이라고 한다면 이는 펀더멘털에 비해 과대평가된 것이다.

사실 주식뿐 아니라 다른 여러 자산의 가격 또한 모두 이 공식으로부터 얻을 수 있다. 채권이나 선물, 옵션, 심지어 비즈니스 프로젝트의 가격도 마찬가지다. 가령 어떤 프로젝트를 위해 10억 원의 돈을 투자해야 한다고 가정해보자. 경영자는 이 프로젝트에 그만한 액수를 투자할 가치가 있는지 없는지를 판단하고 결정해야 한다. 이때 경영자는 그 투자 여부를 무엇을 근거로 결정할 수 있을까? 다음 공식을 한번 살펴보자.

NPV = 현가(현금)$_1$ + 현가(현금)$_2$ + … + 현가(현금)$_T$ – 투자 원금

주가 공식을 살짝 비틀면 투자 의사결정에 유용한 기준을 하나 얻을 수 있다. 10억 원을 투자해 얼마를 벌 수 있는지를 따져봤을 때 미래에 벌어들일 현금을 현가로 할인해 10억 원보다 큰 값, 예를 들어 30억 원이 나온다면 이 프로젝트는 좋은 프로젝트라고 할 수 있을 것이다. 투자 원금을 빼고도 20억 원만큼을 주주들에게 더 돌려줄 수 있기 때문이다. 이때 비용을 제하고 얻은 프로젝트의 순수한 현재 가치를 순현가 또는 NPV$^{Net\ Present\ Value}$라고 하는데, 이 경우 NPV는 20억 원이다. 이 순현가가 양수로 나오면 투자 원금보다 더 많은 이익이 발생한다는 이야기다. 따라서 경영자는 이런 프로젝트에는 투자해도 좋다고 결정하게 된다. 이런 프로젝트를 '포지티브^{positive}–NPV 프로젝트'라고 한다.

경영의 목적이 주주의 부를 극대화하는 데에 있다면 경영자들은 당연히 포지티브–NPV 프로젝트에 투자해야 한다. 이는 경영자의 도덕성이나 능력의 문제를 떠나 법적인 이슈가 되기도 한다. 이를테면 경영자가 정당한 이유 없이

포지티브–NPV 프로젝트를 실행하지 않는 것은 NPV만큼 주가를 올릴 수 있는 기회를 차버리는 것이기 때문에 배임죄에 해당할 수 있다.

주주를 기업의 주인이라고 여기는 이유, 잔여청구권

이제 다시 이전의 질문으로 돌아가보자. 기업을 소유한다는 것은 그 기업의 주식을 가지고 있다는 것이다. 주식은 회사에 이익이 생기면 내가 보유하고 있는 주식만큼 배당을 받을 수 있다는 권리를 나타내는 일종의 법률적 계약서다. 그러나 당연하게도 주식만이 기업과 관련된 유일한 법률적 계약서는 아니다. 채권, 고용계약, 하청업체와의 계약 등등 기업과 관련해서는 아주 많은 계약이 존재한다. 그럼에도 왜 주주와의 계약만이 기업의 목적으로 여겨지는지에 대한 의문이 생길 수밖에 없다.

사람들은 주주를 특출나게 여기는 이유를 주주가 잔여청구권자residual claimer라는 데에서 찾는다. 재무상태표balance sheet에서 기업의 자산asset은 부채liability와 자본equity으로 나뉜다. 자산 중 부채를 갚고 남은 잔여 가치가 주주들의 몫이다. 그래서 주주를 잔여청구권자라고 부른다. 기업의 자산이 커지면 커질수록 주주들은 더 많은 배당을 받을 수 있다. 이는 기업가치가 아무리 커지더라도 부채의 원금과 이자 이상은 가져갈 수 없는 채권자들의 권리와 확연히 대비된다. 채권자들에게 기업가치는 자신들이 원금과 이자를 받는 데에 문제가 없을 정도의 수준이면 충분하다. 그러나 주주의 경우는 다르다. 기업가치가 높으면 높을수록 정해진 부채를 갚고서도 더 많은 부분을 자기 몫으로 챙길 수 있기 때문이다. 따라서 채권자들과 달리 주주들의 이해는 기업가치 상승과 정확하게 맞물려 있다. 이것이 주주가 기업의 주인이라고 주장하는 가장 기본적인 이유다.

경영자는 누구를 위해
일해야 하는가

1나노세컨드 동안의 주인들

주주가 기업의 주인이라고는 하지만 그들 역시 수익률과 위험을 계산해 투자하는 사람들이다. 가령 당신이 A라는 기업의 주식을 1000만 원 정도 가지고 있다고 해보자. 만약에 앞으로 이 기업에 매우 부정적인 상황이 펼쳐질 것이라는 판단이 선다면 당신은 어떻게 하겠는가?

많은 주주들은 만약 다음 달 주가가 폭락할 것이라고 예상되면 이를 막기 위해 노력하기보다 차라리 오늘 주식을 팔고 나갈 생각을 하게 된다. 특히 소액을 투자한 주주들이 그렇다. 이렇게 쉽사리 주식을 팔고 나가는 행위를 월가에서는 'Wall Street walk'라는 관용어로 표현한다. 그들로서는 주식을 팔아버리면 더 이상 그 기업의 주인이 아니게 되니 그 회사에 나쁜 일이 생겨 주가가 떨어지든 말든 상관할 바가 아닌 것이다. 따지고 보면 주주, 채권자, 임직원, 노동자 등 기업에 관련된 많은 이해당사자들 중에 주주만큼 무책임한 사람도 없다. 회사에 안 좋은 일이 생겼을 때 최우선적으로 하는 일이 주식을 팔고 남남이 되는 것이라니 이런 투자자들을 진정 회사의 주인이라고 말할 수 있을까?

노동자들의 경우 회사에 안 좋은 일이 생겼다고 해서 5분 만에 사표를 제출하고 회사를 떠나지는 않을 것이다. 하지만 주주들은 능히 그럴 수 있는 사람들이다. 심지어 데이트레이더day trader라 불리는 투자자들은 주식을 구입한 후 하루도 채 지나기 전에 주식을 되팔아 시세차익을 얻는 것을 목표로 투자한다. 이를테면 아침 9시에 장이 열리면 오전 중에 주식을 샀다가 그날 장이 마감하기 전에 팔아 포지션을 정리하고 나가는 것이다. 어쨌든 이들도 주식을 보유하고 있던 시간만큼은 그 기업의 주인이며, 심지어 그보다 훨씬 더 짧은 시간 동안만 투자하는 초빈도 거래자 high frequency trader, HFT들 역시 주식을 소유하고 있는 순간만큼은 그 기업의 주인이다.

마이클 루이스^{Michael Lewis}의 저서 『플래시 보이스』나 킴 누옌^{Kim Nguyen} 감독의 영화 〈벌새 프로젝트〉(2017)에도 초빈도 거래자들의 이야기가 등장한다. 이들은 컴퓨터를 통해 주문을 하는데 1나노세컨드, 즉 10억분의 1초 라는 그 찰나의 순간도 주식을 사고팔기에는 충분한 시간이 된다. 이 정도 속도면 사람이 할 수 있는 거래가 아니기 때문에 사야 할 주식이 생기면 자동으로 주문이 들어가도록 미리 알고리즘을 짜두어야 한다. 이것을 프로그램 트레이딩^{program trading}이라고 한다.

킴 누옌 감독의 영화 제목에 '벌새'가 들어간 이유는 벌새들이 1초에 100만 번씩 날갯짓을 하기 때문이다. 그 정도로 짧은 순간도 거래를 하기에는 충분한 시간이라는 은유적 표현이다. 이렇게 빠르게 주문을 내기 위해서는 속도가 중요한 만큼 광케이블 성능이 관건이다. 마이클 루이스는 『플래시 보이스』의 서두를 광케이블 공사장 이야기로 시작한다. 시카고에서 뉴욕까지 광케이블을 설치하는데 중간을 가로막고 있는 커다란 산이 있어서 이를 뚫고 가도록 설치하느냐, 아니면 산을 둘러 가도록 설치하느냐를 두고 투자자와 건설공사자들 간에 다툼이 벌어졌다. 산을 빙 돌아가도록 케이블을 설치하면 주문이 거래소에 도착하는 속도가, 예를 들어 1나노세컨드 정도 느려질지도 모른다. 만약 10억분의 1초에 의해 투자의 성공과 실패가 결정될 수 있다면 투자자는 어떻게든 그냥 산을 뚫고 직선거리로 케이블을 설치할 것을 요구할 수밖에 없다.

미국은 뉴욕, 시카고 등 대도시에 많은 증권거래소가 있어서 단일 주식이라도 여러 곳에 상장되어 있는 경우가 흔하다. 가령 당신이 A기업의 주식 100주를 사겠다고 시장가주문(market order, 수량만 내는 주문으로 시장에 나와 있는 호가들 중 가장 유리한 가격에 체결된다)을 내면, 그 기업의 주식이 상장되어 있는 여러 곳의 거래소 중 가장 싼 가격의 거래소로 우선적으로 주문이 들어가도록 되어 있다. 예를 들어 가장 싼 값에 매수할 수 있는 거래소가 시카고증권거래소인데 이곳에서 100달러에 40주를 매입했다고 하자. 나머지 60주를 더 매입하기 위해서는 그다음으로 가격이 싼 곳, 예를 들어 뉴욕증권거래소로 주문이 향해야 한다. 뉴욕증권거래소에서는 60주를 100달러 1센트에 매입할 수 있다고 해보자.

그런데 이때 '플래시 보이스'들, 즉 알고리즘화 되어 있는 컴퓨터가 다음 주문이 뉴욕증권거래소로 갈 것이라는 사실을 감지하고 이 주문이 뉴욕에 도착하기 겨우 몇 나노세컨드 전에 먼저 60주를 매수한 뒤 바로 이를 매도한다. 이를테면 100달러 1센트에 A기업의 주식 60주를 사들였다가 1나노세컨드 후에, 예를 들어 100달러 2센트에 60주 매도주문을 내는 것이다. 그러면 당신의 주문이 도착했을 때 당신은 100달러 2센트를 내고(100달러 1센트가 아니고!) 60주를 사게 되는 것이다. 플래시 보이스들은 순식간에 주당 1센트씩을 벌어들이는 셈이다.

주당 1센트씩 총 60주를 사들여봐야 얼마나 벌겠느냐고? 글쎄, 과연 그럴까? 아침 9시부터 장을 닫는 오후 4시까지의 7시간(뉴욕증권거래소의 경우)은 1나노세컨드가 10억분의 1초이니 25.2조 나노세컨드가 된다. 1나노세컨드마다 60센트씩 벌어들인다고 생각해보라. 어마어마한 액수의 돈이다. 예로 든 형태의 거래는 미국에서도 법으로 규제한다. 그러나 오늘날 미국에서는 주식 거래량의 절반 이상이 초빈도 거래에 의한 것이다.

이런 식으로 그 큰돈을 벌어도 괜찮은 건지 마음이 편치 않지만 어쨌든 초빈도 거래자들도 1나노세컨드 동안만큼 주주인 것만은 분명하다. 그렇다면 1나노세컨드 동안 주주였다가 바로 다음 1나노세컨드 동안은 아니었다가를 반복하는 이들을 위해 경영자가 열심히 일하는 게 과연 옳은 일일까? 주주가 회사의 주인이라서 경영의 목적이 주주의 부의 극대화라고 배웠는데 정말 이런 고빈도 거래자들조차도 회사의 주인으로 대우하는 것이 맞는 것일까?

기업은 오직 이윤 극대화만 책임지면 된다? 프리드먼 독트린

주주가, 또는 주주만이 회사의 주인이 아니라고 한다면 많은 기업재무 이론은 처음부터 다시 쓰여야 한다. 설령 그렇게까지는 밀고 나가고 싶지 않다 하더라도 적어도 기업의 주인이 주주라고 했을 때 그것이 안고 있는 문제점 정도는 알아둘 필요가 있다.

주주우선주의와 관련해 빠지지 않고 인용되는 것이 노벨 경제학상을 수상한 밀턴 프리드먼Milton Friedman의 칼럼이다. 다음은 1970년 9월 13일자《뉴욕타임스》에 실린 그 칼럼 내용의 일부다.

열린 경쟁에 자유롭게 참여하는 공정한 규제 아래에서라면 기업의 유일무이한 사회적 책임은 회사의 자원을 활용해 회사의 이익을 극대화하는 활동을 실행하는 것이다.

논란이 없는 것은 아니지만 위 구절은 경영의 목적이 주주들을 위해 주가를 올리는 것 말고는 없다는 이야기로 자주 해석된다. 프리드먼의 이런 주장이 있은 뒤 1976년, 마이클 젠슨Michael Jensen과 윌리엄 메클링William Meckling은 권위 있는 학술지 《저널 오브 파이낸셜 이코노믹스》에 발표한 논문에서 기업의 주인인 주주와 그들의 대리인인 경영자를 기업을 구성하는 주된 계약 주체로 명확히 모델링했다.[1]

주주우선주의가 주주들을 가장 우선시한다는 것은 꽤 단순한 사실처럼 보인다. 그러나 이와 관련한 소송 등에서 실제로 경영 의사결정이 주주우선주의에 부합하는 것인지를 판단하기는 쉽지 않다. 당연히 처벌을 하거나 판결을 내리기도 어렵다. 그래서 여러 판례들을 바탕으로 미국에서는 '경영 판단의 원칙Business Judgment Rule'이라는 것을 만들었다. 만약 이사회가 기업의 이익을 위해 공정하게 판단하고 성실하게 의사결정을 했다면 어떤 프로젝트가 설령 손해를 발생시켰다 하더라도 그것을 승인한 행위를 배임죄로 처벌해서는 안 된다는 원칙이다. 요즘처럼 비즈니스 환경의 변화가 빠르고 클 때는 어떤 프로젝트의 성공가능성을 낙관할 수 없는 경우가 대부분이다. 이때 주주가치를 높일 수 있는 프로젝트들을 과감히 실행하기 위해서는 그 프로젝트가 설령 실패하더라도 그것을 승인한 책임을 묻지 않도록 의사결정을 보호하는 장치가 필요할 것이다.

주주우선주의에 대한 도전

주주우선주의에 대한 도전은 가끔 주주우선주의의 최대 옹호자, 또는 그렇다고 여겨졌던 사람으로부터도 나온다. 최고경영자로서 제너럴일렉트릭General Electric, GE을 세계 최고의 회사로 성장시킨 잭 웰치는 주주가 기업의 주인임을 굳건하게 신봉한 하드코어 시장주의자였다. 과거 그가 행했던 과감한 구조조정은 모두 주주의 이익을 최우선적으로 고려한 것이라는 이유로 받아들여졌다. 그런데 2009년 어느 인터뷰에서 그는 전 세계에서 가장 멍청한 사상이 주주우선주의이며, 주주우선주의는 어떤 것에 따른 결과이지 그것 자체가 경영의 목적이 될 수 없고, 주주뿐 아니라 회사에서 일하는 사람들과 고객 등 다양한 주체들이 기업 경

영에 중요하게 고려되어야 한다는 충격적인 이야기를 함
으로써 세상을 놀라게 했다.

2011년 9월부터 11월까지 벌어진 '월가를 점령하라'
운동은 우리에게도 꽤 잘 알려져 있다. '우리는 99%'라는
구호 아래 이제 1%의 자본가들에게 더 이상 휘둘리지 않
겠다며 이루어진 이들의 시위는 특히 분배와 불평등의 문
제에 있어서 제대로 작동하지 않는 미국 자본주의에 심각
한 경종을 울렸다. 배당과 자본 이득, 그리고 거기에 엄청
난 보너스까지 주주들을 위해 일한 정당한 보수라며 챙겨
간 경영자들에 대한 비난이 폭주했다.

비판은 정치권에서도 나왔다. 미국의 민주당 대선 후보
경선까지 올랐던 엘리자베스 워런Elizabeth Warren 상원의원 또
한 미국의 심각한 소득불평등에 대한 책임을 대형 회사들
이 져야 한다며 '책임 있는 자본주의 법Accountable Capitalism Act'
이라는 법안을 들고 나왔다. 이 법안대로라면 미국의 대형
회사들은 앞으로 주주뿐 아니라 고용인과 소비자들, 심지
어 지역사회의 이익까지 책임져야 한다. 그 기업이 속해 있
는 주의 법state law에 의한 규제를 넘어 이제는 이런 내용들
이 연방법federal law에 의한 규제로 확장되는 것이다. 연방법

의 규제를 받는 기업들은 소득불평등과 같은 공동체적 이슈에 도움이 되도록 노력하지 않을 경우 법의 제재를 받게 된다. 이에 페이스북 등 몇몇 회사는 공식적으로 워런 의원의 법안에 대한 반대 성명을 내기도 했다.

주주우선주의에 대한 대대적인 반성은 미국을 대표하는 기업들의 경영자들로부터도 직접적으로 표출되었다. '비즈니스 라운드 테이블Business Round Table'은 1972년에 설립된 미국 내 200대 대기업의 이익을 대변하는 협의체다. 이들이 발표한 2019년 8월 성명서의 주요 내용은 한마디로 "기업의 목적은 더 이상 주주만을 위한 게 아니라 고객, 직원, 납품업체, 커뮤니티 등 모든 이해당사자의 번영을 함께 추구하는 데에 있다"는 말로 요약된다. 아메리칸 드림은 살아 있으나 시들해지고 있다는 것이 그들의 성명 이유였지만 실제 이유는 주주자본주의의 문제점이 임계치에 다다랐다고 생각했기 때문이다.

참고로 JP모건 체이스의 제이미 다이먼 회장은 자신이 아침에 눈을 뜰 때 혹시 폭동이라도 일어나지 않을까 하는 두려움이 엄습한다고 고백하기도 했다. 이 성명서에는 제이미 다이먼 이외에도 아마존의 제프 베조스, 애플의 팀 쿡, 뱅크오브아메리카의 브라이언 모이니한, 보잉의 데니

스 퓰런버그, 제너럴모터스의 메리 바라 등 181명의 최고
경영자들이 서명했다.

현재냐 미래냐,
단기성과냐 성장성이냐

경영의 목적은 무엇인가

주주우선주의를 인정한다면 경영의 목적은 앞에서 살펴본 대로 주가를 극대화하는 것이 된다. 그렇다고 해도 문제는 남는다. 도대체 '어느 시점'의 주가를 극대화해야 하는지 확실치 않기 때문이다. 오늘의 주가? 아니면 내일? 그도 아니면 10년 뒤의 주가? 목표 시점에 따라 경영의 목적은 전혀 다른 문제가 된다. 이는 주주들의 다양한 특성 중 어떤 부분에 초점을 맞추느냐의 문제와도 같다. 초빈도 거래자 주주라면 중요한 것은 수백분의 1초 동안의 주가다. 그들에게는 1초 후의 주가도 별로 중요하지 않을 수 있다. 하루 동안만 주주인 데이트레이더들에게는 오늘의 주가만 중요하지 내일의 주가는 관심사가 아닐 것이다. 반면 장기투자자라면 오늘 주가가 오르거나 내리는 것에 대해 일희일비하지 않을 것이다.

이렇게 경영의 목적은 장기투자자와 단기투자자들 중 누구를 주인으로 할 것인지에 따라서도 크게 달라진다. 장기투자자라면 설령 오늘 받을 배당을 포기하더라도 대신 회사가 그 돈을 과감하게 미래를 위해 투자하는 것을 반길 것이다. 애플이나 삼성전자가 오랫동안 배당을 지급하지 않았음에도 높은 인기를 누릴 수 있었던 이유다. 지금 배당으로 받을 돈의 몇 배를 몇 년 후에 받을 수 있다면 주주들에게 오늘 포기한 배당은 그 자체로 미래를 위한 투자다.

경제학의 실증연구empirical study들 또한 장단기 투자자가 섞여 있는 주주들의 다양성과 관련된 문제점들로부터 자유롭지 못하다. 기업의 단기성과에만 집중하는 연구들이 적지 않기 때문이다. 가령 어떤 사건event이 기업가치에 미치는 영향을 연구할 때 사건 발생 전후 5일간 혹은 10일간의 주가 변화를 연구하는 식이다. 하지만 사건 발생 이후 10년간의 주가 변화를 연구하는 경우는 거의 없고, 실제로 기업의 장기적 가치 변화와 이벤트 간의 인과관계를 밝혀내기도 쉽지 않다. 10년이라는 긴 시간 동안 이벤트의 영향은 희석되는 반면, 주가 등락에 영향을 끼치는 또 다른 요소들이 매우 다양하게 발생하고 변화할 것이기 때문이다.

워런 버핏이 주주들에게 보낸 편지를 모은 『워런 버핏의 주주 서한』은 그가 직접 쓴 유일한 저서다. 버핏은 이 책에서 자신이 투자한 회사의 경영자에게 하는 주문을 다음과 같이 밝힌다. 첫째, 당신이 회사 지분을 100% 보유하고 있고, 둘째, 이 회사가 당신의 유일한 자산이며, 셋째, 당신이 앞으로 100년 이상 회사를 팔거나 합병하지 못한다는 생각을 갖고 회사를 경영해달라는 내용이다. 그러면서 버핏은 의사결정을 할 때 당장의 회계 실적은 조금도 고려할 필요가 없다고 강조한다. 그는 기업의 장기적인 가치 증대를 경영 목적으로 제시한 것이다.

근시안적 사고의 폐해

주주우선주의에는 많은 문제점이 따른다. 그중 하나가 단기성과주의로서 이는 '근시안적 경영managerial myopia'을 낳는다. 그럼 주주우선주의는 어떻게 단기성과주의로 이어지는 것일까?

2010년 4월 20일, 뉴올리언스에서 남쪽으로 200km 떨어진 해상에서 영국의 국제 석유 메이저 업체인 브리티시 페트롤륨British Petroleum의 석유시추선인 딥워터 호라이즌호가 작업 도중 폭발했다. 11명이 실종 또는 사망했으며, 중상자도 수십 명에 달하는 대참사였다. 이 시추선은 사고 발생 36시간 만에 침몰했다.

침몰 자체보다 더 큰 문제는 부러진 시추 파이프를 통해 바닷속으로 계속해서 원유가 유출되고 있었다는 점이다. 이는 역사상 유례없는 최악의 환경오염을 불러왔다. 브리티시 페트롤륨사와 미합중국 해안경비대가 3개월 넘게 석유 유출과 확산을 막기 위해 다양한 시도를 했지만 모두 헛수고였다. 해수면을 뒤덮은 기름의 범위가 한반도 남쪽 크기의 절반을 넘었으며, 기름 유출량은 자그마치 8억 리터에 가까웠다.

법경제학자인 린 스타우트Lynn Stout교수는 이 끔찍한 사고를 단기성과에만 집중한 경영진들이 만들어낼 수 있는 최악의 사례로 들고 있다.[2] 시추 시설의 안전 검사를 하려면 몇 백만 달러의 비용이 들고, 납기 지연 등 그에 따른 비용이 만만치 않은데, 단기성과를 올리는 데에만 급급했던 경영진이 제때 안전 검사를 시행하지 않았던 것이다. 특히 시추선에 탑승한 기술자들이 사고가 나기 전 수차례에 걸쳐 위험을 경고했음에도 불구하고 번번이 묵살된 사실이 알려져 더 큰 분노를 샀다.

하버드대학교의 제러미 스타인 교수가 1989년에 발표한 논문에도 'myopic', 즉 '근시안적'이라는 단어가 등장한다.[3] 스타인 교수는 투자자인 주주와 대리인인 경영자 사이의 정보불균형 문제가 경영자의 단기성과주의를 불러오는 메커니즘에 대해 설명한다. 회사의 실제 가치가 얼마인지 주주들은 잘 알지 못한다. 여기에 대해 정확하게 알고 있는 쪽은 대리인인 경영자다. 이처럼 경영자가 주주들보다 더 많이, 더 정확히 알고 있는 경우를 정보불균형 information asymmetry 상태라고 한다. 주주들은 경영자들이 이 정보불균형 상황을 이용해 주주들을 속이고 자신의 욕심을 채울 가능성이 있다는 것을 안다. 따라서 경영자를 감시하고 자주 경영 성과를 평가해 경영자의 욕심을 제어하고 싶어 한다.

경영 성과 평가는 대개 1년에 한 번씩 이루어진다. 이 경우 경영자는 1년 이내에 자신의 성과를 보여주어야 한다. 성과가 나쁘면 쫓겨날지도 모른다. 따라서 경영자는 설령 기업의 장기적인 가치를 희생하는 일이 있더라도 단기적인 실적을 부풀릴 인센티브를 갖게 된다. 이를테면 성과가 한참 후에 나타나는 프로젝트에 투자하는 대신 그 돈으로 이번 기의 영업이익을 부풀릴 수도 있을 것이다. 실적을 부풀리면 주가가 올라가고, 주가가 올라가면 1년마다 실시하는 총회에서 주주들로부터 좋은 평가를 받게 된다.

그러나 주주들은 이처럼 경영자가 투자를 줄이고 단기 성과를 늘리고자 하는 인센티브를 갖고 있다는 것을 이미 잘 알고 있다. 경영자들 역시 자신이 그와 같은 인센티브를 갖고 있음을 주주들이 이미 꿰뚫어보고 있다는 사실을 결코 모르지 않는다. 사정이 이렇다 보니 경영자는 자신이 실적을 부풀리지 않더라도 어차피 주주들은 발표된 실적을 실제보다 부풀려진 실적이라고 여길 것이라는 데에 생각이 미치게 된다. 오해를 풀 수 없을 바에야 실제로 실적을 부풀려버리는 것이 낫다. 불행하게도 부풀린 실적으로 올라간 주가는 반드시 떨어지게 되어 있다. 효율적 시장에서는 실적보다 주가가 과대평가되어 있다는 사실이 곧 밝혀질 것이기 때문이다. 결과적으로 근시안적인 실적 부풀리기는 장기적으로 기업가치를 희생해야 하는 대가일 뿐 기업가치를 향상시키는 데에는 전혀 도움이 되지 않는다.

스타인 교수의 이론은 실증연구를 통해서도 뒷받침되었다. 미국 대기업의 최고경영자들을 상대로 한 실증연구에서 기업 실적을 단기적으로 조작하는 일이 실제로 기업가치를 파괴한다는 결과가 2006년에 발표되었기 때문이다.[4]

외면당하는 장기 프로젝트

순현가 10조 원짜리 프로젝트가 있다고 해보자. 여기서 순현가[NPV]란 앞에서 살펴보았듯이 프로젝트에 투자함으로써 벌어들일 모든 미래 현금의 현가에서 투자 금액을 제외한 금액을 말한다. 순현가가 10조 원이라는 것은 이 프로젝트를 실행함으로써 벌어들일 현금을 현재 시점의 가치로 평가하면 투자 금액을 제외하더라도 10조 원이 남는다는 뜻이다. 어마어마하게 훌륭한 프로젝트로 보인다. 만약 경영자가 정당한 이유 없이 이런 프로젝트를 포기한다면 이는 경영자가 바보 천치라는 것을 말해주기에 앞서 법적으로도 문제가 될 수 있다. 정당한 이유 없이 주주들에게 큰 혜택이 돌아갈 프로젝트를 버렸으니 배임죄가 성립할 수 있는 것이다.

하지만 아무리 양질의 프로젝트라고 하더라도, 그리고 경영자가 바보 천치는커녕 아주 똑똑한 사람이라고 하더라도 경영자 스스로 이런 프로젝트를 포기하고자 할 때가 있다. 예를 들어보자. 이 프로젝트를 실행하기 위해서는 오늘 1000억 원을 투자해야 한다고 하자. 그리고 이 프로젝트 개시 후 100년 동안 프로젝트로부터 벌어들이는 현금이 전혀 없다고 해보자. 현금을 벌어들이는 것은 101년 후부터다. 그러면 101년째부터 10조 원씩 수십 년 동안 매년 현금을 벌어들인다고 해보자. 101년째의 10조 원을 현가 계산해서 더하고, 102년째의 10조 원을 현가 계산해서 더하고⋯ 이런 식으로 현금이 들어오는 수십 년의 기간 동안 벌어들일 현금의 현재가치를 계산했을 때 투자액인 1000억 원을 제하더라도 순현가가 10조 원이 나오는 것이다. 어쨌든 포지티브-NPV 프로젝트인 것은 분명하다. 벌어들이는 액수가 입이 떡 벌어질 만큼 큰 것도 맞다.

당신이 경영자라면 이 프로젝트에 투자하겠는가? 아마도 '아니요'일 것이다. 아무리 순현가 10조 원짜리 프로젝트라고 해도 무려 100년 뒤부터, 그것도 수십 년에 걸쳐 성과가 나오는 프로젝트를, 매년 자신의 성과를 평가받아 당장 다음 해에 경영자의 자리를 지킬 수 있을지 여부조차 불확실한 경영자가 어떻게 받아들일 수 있겠는가. 경영자는 기꺼이 10조 원 프로젝트를 포기할 것이다. 위에서 든 예는 이를테면 교육 사업과 같은 백년지대계의 장기 프로젝트다. 이와 같은 문제점 때문에 이런 초장기 프로젝트는 기업보다는 국가가 책임지고 실행하는 경우가 많다.

그렇다고 해서 장기프로젝트를 꼭 교육과 같은 백년지대계로 한정해 생각할 필요는 없다. 경쟁력을 키우기 위해 장기 프로젝트를 하지 않으면 안 되는 산업들이 꽤 많기 때문이다. 어떤 가난한 농업국가가 가난에서 벗어나지도 못한 상태에서 조선업을 일으키고 싶어 한다면 어떨까? 자동차를 만들고 싶어 한다면? 반도체산업이 1년만 투자하면 누구나 할 수 있는 사업이던가? 인공지능은 어떨까?

짧은 기간 동안 눈부신 성과들을 일구어낸 한국의 경제 발전 과정을 돌이켜보면 많은 부작용을 가져오긴 했지만, '재벌'이라 불리는 한국 고유의 기업지배구조 체제가 경영자들이 단기성과주의를 극복하고 장기적이고 과감한 투자를 가능하게 한 부분이 있다는 것을 발견하고 놀라게 된다. 아이러니하게도 주주가 아니라 창업자나 창업자 가문이 재벌 기업의 실질적인 주인 역할을 했다는 점은 경영자들이 단기적인 성과를 올리지 못할 경우 그 직을 잃을 수 있다는 우려를 성공적으로 잠재우는 장치였다. 주주가 주인이 아니고 경영자나 창업자가 주인이니 주주들의 눈치를 볼 이유가 없었던 것이다. 그러나 재벌 체제의 정착은 우리나라에 주주자본주의가 제대로 뿌리내리는 데에 장애가 되어온 것 또한 사실이다. 얼마 전 이재용 삼성전자 부회장의 가석방 및 사면 여부에 관한 의견 대립을 보면 아직도 우리나라에서는 대기업의 주인이 누구인지에 대해서조차 합의가 이루어지지 않고 있음을 알 수 있다. 이 사례에선 법치주의에 대한 도전까지 목격하게 되어 입맛이 쓰다.

경영자가 단기적으로 성과를 내야 할 때 선호하는 방법 중 하나가 비용을 줄이는 데에 집중하는 것이다. 수익을 늘리는 것보다 손쉽기 때문이다. 비용 중 가장 큰 부분이 인건비인 경우가 많은데, 이를 아끼기 위해 고용을 줄이다 보면 실업 문제를 키울 수밖에 없다. 또 경영자 입장에서는 정규직보다 더 유연하게 운용할 수 있는 비정규직 인력을 고용하는 것을 선호하게 된다. 정규직에 비해 비교적 임금이 낮고 해고가 용이하기 때문이다. 단기성과주의의 문제는 이렇게 고용의 양과 질의 문제로까지 확장된다.

단기성과주의는 경영자의 인센티브에 의해서뿐만 아니라 주주들 스스로에 의해서도 강화된다. 비상장기업이 상장listing을 통해 기업공개Initial Public Offering, IPO를 하면 그 기업의 주식을 거래소에서 자유롭게 사고팔 수 있게 되어 많은 투자자들이 주주로 참여할 수 있는 길이 활짝 열린다. 그런데 최근 미국에서는 기업이 상장을 하고 나서 투자를 줄이는 이상한 현상이 벌어졌다. 애초에 기업을 상장하는 중요한 이유가 주식시장에서 안정적으로 자금을 조달해 기업가치를 높일 프로젝트에 적극적으로 투자할 수 있도록 하기 위해서라는 점을 고려하면 이해하기 어려운 현상이다. 왜 상장을 했음에도 투자를 줄이는 것일까?

성장성을 희생시키는 자사주 매입

다음 그래프[5]는 《파이낸셜타임스》 2018년 8월 17일자에 실린 '글로벌 주식시장의 자사주 매입 광풍'이라는 제목의 기사에서 인용한 것이다.

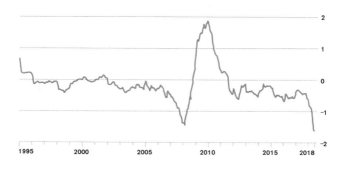

글로벌 주식시장에서의 신주 발행 대비 자사주 매입 현황

그래프는 전 세계 상장기업들이 새로 발행한 주식 총액에서 자사주 매입 총액을 뺀 값을 글로벌 시장 전체의 시가총액으로 나눈 비율의 시계열 추세를 나타낸다. 2000년대 초반 이후 대부분의 기간에서 이 값이 음수임을 알 수 있다. 자사주 매입이 주식 발행보다 더 많았다는 뜻이다. 우리나라에서도 그렇지만 미국에서도 자사주 매입은 매우 흔하다. 그러나 미국에서 자사주 매입은 1980년대 초반까지 불법으로 금지되어 있었다. 주가를 인위적으로 조종하는 데에 이용될 가능성을 우려했기 때문이다. 이를 풀어준 것이 레이건 행정부다.

자사주 매입은 기업의 이익을 적극적으로 주주에게 나누어주는 주주환원 정책으로 꽤 인기가 높다. 매입한 자사주를 소각하면 유통 주식 수가 줄어들어 주주들이 나누어 가질 수 있는 파이가 커져 주가가 오른다. 또 다른 채널도 있다. 시장 참가자들은 지금 어떤 회사의 주가가 낮은 것인지(과소평가), 높은 것인지(과대평가)에 대해 정확하게 알지 못하는 경우가 많다. 그러나 경영자는 현재 자기 회사의 주가가 과대평가되어 있는지 과소평가되어 있는지를 다른 투자자들보다 더 정확히 알 수 있다. 만약 경영자가 자사주를 매입한다면 이는 해당 주식의 가격이 현재 낮게 평가되어 있을 것이라는 시그널을 시장에 전달해주는 셈이다. 주가가 과대평가되어 있는 상태라면 과소평가되어 있을 때보다 자사주 매입비용이 더 클 것이기 때문이다. 이 시그널을 받은 투자자들은 이 회사의 주식이 과소평가되어 있다고 판단해 사들이게 되고 이로 인해 주가는 올라간다.

그러나 자사주 매입비용으로 인해 미래를 위한 투자가 줄어든다면 주가에 역효과를 가져올 수도 있다. 기업은 벌어들인 이익 중 일부를 미래에 더 큰 이익을 얻기 위해 연구개발 등에 투자한다. 성장성이 높은 회사라면 당장 주주들에게 배당을 낮게 지급하는 대신 연구개발에 더 많이 투자하는 것을 투자자들도 충분히 용인할 수 있을 것이다.

그러나 그린라이트캐피탈이나 엘리엇매니지먼트 등으로 대표되는 행동주의 펀드^{activist fund}들의 등장은 기업이 더욱 적극적으로 주주환원 정책에 신경을 쓰도록 강제했다. 주주들이 배당금이나 시세 차익을 수동적으로 챙기던 관행에서 벗어나 기업 의사결정에 적극 개입하고 영향력을 행사해 주주의 가치를 높이는 행위를 주주행동주의^{shareholder activism}라고 한다. 최근 몇 년 사이 다시 관심을 끌고 있는 행동주의 펀드는 주주행동주의의 총화다. 이들은 경영자에게 자사주를 매입하라고 압박하거나 배당을 늘리라고 요구함으로써 경영자로 하여금 회사의 단기적 가치 증진을 위해 장기적 성장 가능성을 희생하도록 부추기곤 한다. 배당이나 자사주 매입 증가 자체를 좋다 나쁘다 단칼에 규정짓기는 어렵다. 주주환원이 나쁜 일일 수는 없기 때문이다. 특히나 행동주의 펀드들이 기업지배구조 개선에 좋은 영향을 미치는 경우 역시 적지 않다는 점을 생각해보면 더욱 그렇다. 그러나 과도한 주주환원 정책이 기업의 장기적 성장을 갉아먹을 가능성을 키운다는 것 역시 분명하다.

기업 상장 이후 투자가 줄어드는 것도 행동주의 펀드들이 이사회에 주주환원 정책을 강제한 측면에서 하나의 이유를 찾을 수 있다. 우량한 회사라면 이들의 요구에 따라 자사주를 매입할 비용을 조달하기 위해 채권을 발행하기도 한다. 애플이 좋은 예다. 워낙 우량 기업이다 보니 수십억 달러씩 채권을 발행해도 잘 팔린다. 이렇게 조달한 자금으로 자사주를 매입해 주가를 끌어올린다. 그러나 상장된 지 얼마 되지 않은 어린 기업이라면 이런 방법을 쓰기 어렵다. 따라서 이런 회사들은 많지 않은 현금을 쪼개어 주주들에게 배당을 지급하거나 자사주 매입에 사용해야 한다. 당연히 연구개발 투자가 줄어들어 기업 성장에 부정적인 영향을 미칠 가능성이 크다. 이런 이유로 많은 사기업private company들은 상장할 수 있는 자격 요건이 충분함에도 불구하고 굳이 상장하지 않고 비상장회사로 남으려 한다. 행동주의 펀드의 공격에서 자유롭고 싶기 때문이다. 다음 장에서 이에 대해 살펴보자.

상장기업의 수가
줄어드는 이유

보스Bose는 많은 사람들의 사랑을 받는 스피커 브랜드다. 이 스피커를 생산하는 회사의 2015년 연매출은 한국 돈으로 무려 3조 9000억 원에 달한다. 그런데 이 우량 기업의 주식을 사고 싶어도 거래소에서 살 수가 없다. 비상장기업이기 때문이다. 충분히 상장할 자격을 갖추었음에도 비상장기업으로 남은 건 창업주인 아마르 보스Amar Bose 박사의 경영 철학을 따른 탓이다. 유명 운동화 브랜드인 뉴발란스New Balance 역시 비상장기업이다. 그 외에도 암웨이Amway, 스테이플스Staples 등 비상장기업의 예는 많다. 비상장기업이 늘고 있는 이유에는 신규 상장이 줄어드는 것뿐만 아니라 기존 상장을 폐지하는 경우가 많아지는 것도 포함된다. 2017년 전 세계 상장기업 수는 4만 5000개인데, 이는 2015년에 비해 500여 개 이상 감소한 수치다. 미국에서만도 1996년 8000개를 넘던 상장기업의 수가 이후 점차 감소해 2017년에는 절반으로 줄어들었다.

위에서 예로 들었듯이 세계적으로 유명한 큰 회사들 중에도 비상장인 곳들이 꽤 많다. 그들은 왜 비상장을 고집할까? 여기에는 다양한 원인이 존재하지만 주주우선주의 역시 주요한 원인임을 부인하기 어렵다. 주주우선주의가 기업들로 하여금 상장을 기피하게 만든다는 것이다. 기업이 상장을 하고 광범위한 주주들로부터 돈을 받아 투자를 하도록 돕는 것이 자본시장의 존재 이유인데 주주 '때문에' 상장을 하지 않는다면 이상한 일이다.

성장성이 큰 기업이라면 벌어들인 현금을 미래를 위해 투자함으로써 더 많은 현금을 벌어들일 수 있도록 해야 하는데 주주 배당이나 자사주 매입 등에 우선적으로 써버리다 보면 투자가 줄어들 수밖에 없다. 따라서 행동주의 펀드의 간섭에 따라 장기적인 성장성을 포기하는 상황을 피하고 싶다면, 아예 상장을 하지 않거나 차라리 상장을 폐지하

고 비상장기업으로 복귀하는 것도 하나의 방법이다. 세계
적인 음향 브랜드 보스가 상장을 하지 않은 이유가 정확히
이것이다. 상장을 하면 단기적 성과를 요구하는 주주들의
압박에서 벗어나기 어려울 테고, 그렇게 되면 기술 개발에
따른 장기투자를 지속하기 어려워져 기술 혁신을 우선으
로 하는 창업주의 경영 철학을 지켜내지 못할 게 뻔하기 때
문이다.

상장기업이 줄어드는 또 하나의 이유는 세계적인 자금
잉여 현상이다. 굳이 기업을 공개하지 않고도 자금을 조달
할 수 있는 창구가 많이 생긴 것이다. 그중 하나가 사모펀
드private equity다. 사모펀드는 비공개적인 채널을 통해 몇몇
투자자들로부터 자금을 끌어 모아 투자하는 펀드다(그래서
붙은 이름이 '사모私募'다). 다수의 소액투자자들로부터 공개적
으로 자금을 모집해 투자하는 공모펀드와 대비된다. 공모
펀드의 경우 다수의 투자자들 간에 수많은 이해관계가 얽
힐 수 있고, 투자자 보호 또한 무시할 수 없는 이슈여서 각
종 규제를 따라야 하는 부담이 있다.

그러나 사모펀드에는 주로 기관 투자자나 상당한 수준
의 자산가들이 자금을 투입한다. 이들은 대개 사모펀드가

투자하는 대상과 전략에 대한 비교적 높은 수준의 이해를 갖고 있으며, 따라서 펀드가 위험이 높은 대상에 투자하더라도 이를 적절히 평가하고 용인할 준비가 되어 있다. 수익이나 손실 또한 비공개로 모집한 소수의 투자자들에게만 분배되므로 투자 결과를 투자자가 책임진다는 큰 원칙하에 규제 수준도 그리 높지 않다. 어떤 회사가 사모펀드의 투자를 받을 수 있다면 굳이 주식을 상장하지 않더라도 안정적으로 자금을 조달할 수 있다(여기까지가 사모펀드에 대한 일반적인 소개다. 한국의 사모펀드와는 차이가 있다. 한국에서는 라임이나 옵티머스 사태로 불거진 문제점에서도 나타나듯이 사모펀드를 일반인들에게 판매한 폐해가 크게 드러난다).

뒤에서 다시 살펴보겠지만 상장기업이 준수해야 하는 수많은 규제들과 행동주의 펀드들의 등쌀을 피하고 싶다면 사모펀드가 자본조달의 훌륭한 대안이 될 수 있다. 상장기업의 경우 누군가가 시장에서 주식을 대량으로 매입해 새로운 대주주로서 배당 인상 요구나 자사주 매입 요구를 하게 될지 모른다. 그러나 비상장기업이라도 기업가치의 중장기적 증대라는 목표를 나누어 갖는 사모펀드로부터 자금을 조달할 수 있다면 경영자는 단기적 주가 부양에 대한 고민을 줄이고 좀 더 안정적으로 경영에 집중할 수 있을 것이다. 물론 사모펀드라고 해서 단기성과주의에 매몰될 위험이 없는 것은 아니다. 사회 체계가 대개 그러하듯, 항상 좋거나 항상 나쁜 것은 없다. 그러나 사모펀드의 많은 문제점들에 대해 명확히 알고 있으면 사모펀드 투자의 장점을 살리기도 쉬울 것이다.

기업 상장이 줄어들면서 미국에서의 IPO가 세계 경제에서 차지하는 비중도 줄었다. 다음 페이지의 그림은 재무경제학 분야 최고 권위의 국제 학술지를 통해 발표된 「미국은 뒤처질 것인가? 금융 세계화와 미국 이외 국가들에서의 IPO 증가」라는 제목의 논문에 실린 그래프다.[6]

그래프가 나타내고 있는 것은 1990년부터 2011년까지 전 세계의 IPO 현황에 관한 통계다. 검정색 점선이 미국, 오렌지색 점선이 중국, 그리고 오렌지색 굵은 선이 전 세계의 IPO다. 그래프에도 잘 나타나 있듯이 미국의 IPO는 건수로 보나 금액으로 보나 2000년대 들어와 그 이전의 10년 동안보다 현저히 줄어든 것을 알 수 있다. 반면 중국에서는 IPO가 2000년대 중후반을 지나면서 급격히 늘어났다. 2001년은 중국이 WTO에 가입해 글로벌 경제에 본

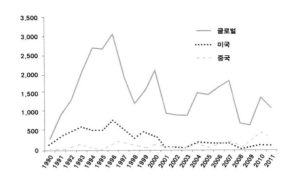

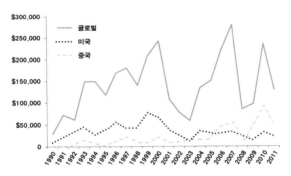

IPO 건수(위)와 IPO로 조달한 금액(아래)

격적으로 편입되기 시작한 때라고 볼 수 있다. 이후 전 세
계 IPO에서 미국이 차지하는 비중은 줄어드는 반면 중국
의 비중은 계속해서 늘어나고 있다. 논문은 이 같은 추세를

보이는 이유가 세계화가 진행되면서 글로벌 IPO 기회가 크게 늘어난 결과라고 결론 맺는다.[7]

행동주의 펀드, 착하다? 아니다?

행동주의 펀드들이 기업 경영에 영향력을 행사하는 데에는 대개 두 가지 방법이 있다. 첫 번째는 대주주로서 목소리^{voice}를 높이는 방법이다. 가령 주주총회 등에서 자신의 주장을 강력하게 밀어붙인다거나 다른 제안에 완강히 반대하는 경우다. 이사회를 장악해 자신의 목소리를 들어달라며 경영자에게 해고 위협을 들이미는 것도 여기에 포함된다.

두 번째는 자신의 말을 듣지 않으면 자신이 갖고 있는 대량의 지분을 한꺼번에 팔고 나가버리겠다고 으름장을 놓는 방법이다. 그렇게 되면 주가에 타격이 생길 수밖에 없다. 더구나 유명한 행동주의 펀드 투자자가 그 회사의 주식을 팔았다는 것은 시장에 의도치 않은 부정적 신호를 전달할 수 있다. 만약 그 회사에 어떤 문제가 있는 것으로 비쳐진다면 당연히 주가는 떨어질 것이다.

행동주의 펀드들이 단기적인 이익 추구에 매몰되어 있을

때는 기업의 장기적 성장 가능성을 저해하는 역기능을 발생시키지만 반대로 이들의 영향력 행사가 장점으로 작용하는 경우도 많다. 특히 잘 알려진 순기능은 기업지배구조가 제대로 갖춰지지 않은 기업에 영향력을 행사하면서 그 기업의 지배구조를 긍정적인 쪽으로 개선하는 것이다. 외국인 지분율을 제외하고는 비슷한 특성을 갖는 두 그룹의 주식들을 분석한 결과 외국인이 더 많은 주식을 갖고 있는 회사의 기업가치가 더 높게 나타났다는 연구도 있다. 저자들은 그 이유가 외국인 투자자들이 기업지배구조 향상에 긍정적인 역할을 했기 때문으로 보았다.[8]

그러나 행동주의 펀드의 적극적인 역할은 자신의 펀드에 투자한 회사를 대상으로 할 경우 크게 제약된다. 미국의 유명한 피델리티 펀드에 관한 이야기가 좋은 예가 될 것이다.[9] 주주총회가 시작되면 대주주들이 경영진들을 상대로 목소리를 높이기 마련이다. 피델리티 펀드 역시 자신들이 대주주인 유럽 회사의 주주총회에서는 경영진들을 상대로 한껏 목소리를 높였다. 그러나 미국에서 주주총회가 열릴 때는 유럽에서와 달리 사뭇 조용했다. 자신들이 대주주임에도 불구하고 목소리를 크게 낮춘 것이다. 이 같은 양면성이 두드러진 이유는 피델리티 펀드가 대주주로 있는 미국 회사들이 동시에 피델리티 펀드에 거액을 투자한 고객들이기도 했기 때문이다. 직원들의 연금을 운용해달라며 피델리티 펀드에 자금을 맡긴 회사(고객)에 재투자함으로써 주주가 되었으니, 주주총회에서 목소리를 높여 고객회사 경영자의 심기를 불편하게 만들면 그들이 펀드 자금을 회수해갈 가능성이 있었던 것이다. 반면 유럽 회사들의 경우에는 이런 문제로부터 자유로웠다. 펀드가 대주주이긴 했으나 그들이 펀드의 고객은 아니었으므로 피델리티가 목소리를 높여도 문제가 없었던 것이다.

혁신에서 멀어지는 기업들

기업지배구조 전문가인 고려대학교 김우찬 교수는 2019년 한 일간지와의 인터뷰에서 모든 기업은 경쟁하고, 견제를 받아야 한다고 말하며 "그런데 유독 한국 경영자 시장에서는 창업자의 자손이 아버지, 할아버지가 만든 회사라는 이유만으로 경쟁 없이 그 회사를 좌지우지하는 위치에 오르고 있다"며 안타까워한다. 회사를 누가 운영할지는 경쟁을 통해 가장 능력 있는 사람으로 정하는 것이 당연하기 때문이다.[10] 김 교수의 지적은 한국의 대기업들이 경제발전 과정에서 보여준 많은 성과에도 불구하고 기업지배구조의 측면에 있어서는 아직도 '가업'지배가 횡행하는 후진적 행태에 머물러 있음을 꼬집는다.

KCGI펀드의 강성부 대표 역시 이와 같은 진단에 동의한다. 그는 자신의 책『좋은 기업, 나쁜 주식, 이상한 대주주』에서 이렇게 말한다. "전쟁 이후 폐허가 된 나라에서 특정 재벌에게 사회의 모든 자원을 투입해 엘리트 대표 선수로 키우는 시스템은 불가결한 선택이었다. 그리고 그들이 글로벌 경쟁에서 이겨 국가의 위상과 삶의 질을 높였다는 공적도 인정해주어야 한다. 그러나 올림픽 금메달 연금과 군면제 혜택을 자식과 손주까지 받는 경우는 없다. 자식들은 부모가 벌어놓은 자산을 정당하게 상속받으면 그만이다. 경영권까지 상속받아야 할 이유는 없다." 행동주의 펀드는 이런 후진적 기업지배구조를 향상시키는 데에 많은 도움을 줄 수 있다.《한국경제》2019년 3월 10일자에 실린[11] 기사에 따르면 우리나라에서 행동주의 펀드의 주요 활동은 배당 성향 상향, 인수 계약 승인 여부, 배당 규모 확대, 이사회 독립성 확보, 자사주 매입과 소각 확대, 주주가치 제고 방안 공개 등 다양한 분야에 이른다. 그러나 문제는 행동주의 펀드들의 이런 기능이 결코 공짜로 발휘되는 것이 아니라는 점이다.

행동주의 펀드는 주주가치를 높이는 것을 다른 어떤 것보다 우선시하는데 가끔은 단기적인 가치 제고를 위해 기업의 장기적 성장 가능성을 희생시키면서까지 그렇게 한다. 통계를 보면 행동주의 펀드가 늘어나면서 자사주 매입과 배당 수익률도 함께 상승했다. 사실 이는 한국뿐 아니라 미국도 마찬가지다. 앞에서도 이야기했듯이 미국에서는 레이건 행정부 때 자사주 매입 등 규제가 완화된 이후 눈에 띄게 주주환원이 늘어났다. 예를 들어 배당의 경우 특히 2000년대에 들어 크게 상승했는데 2000년대 초반과 비교해도 2010년대 초반에는 두 배가 늘었다.

배당을 많이 준다거나 자사주를 매입한다는 것이 사실 주주들, 특히 단기투자자들에게는 나쁜 이야기가 아니다. 배당금을 더 주겠다는데 마다할 주주가 어디 있겠는가. 다만 회사가 앞으로의 장기적 성장성을 희생하면서 배당을 준다는 게 문제다. 수익금으로 향후 100년까지는 아니더라도 적어도 10~20년 뒤에 더 큰 수익을 올릴 수 있는 좋은 프로젝트에 투자를 해야 하는데, 경영자 입장에서는 10년 뒤에나 있을 성과를 기다릴 만한 여유가 없다. 당장 성과를 내지 않으면 자리에서 쫓겨날지도 모르기 때문이다.

불행하게도 이런 걱정들이 사실로 드러나는 경우가 있다. 미국에서는 트럼프 행정부가 들어서면서 기업들이 좀 더 과감하게 미래를 위해 투자를 늘릴 수 있도록 법인세를 깎아주었다. 그러나 많은 기업들은 그로 인해 절감한 현금을 투자가 아니라 자사주를 매입하는 데에 사용하고 있었다.[12] 이는 초거대기업도 마찬가지다. 세계에서 가장 혁신적인 기업을 꼽으라면 아마 애플을 최상위에 놓을 독자들이 많을 것이다. 그런데 2013년 유럽연합 집행위원회 European Commission가 발표한 전 세계 기업의 연구개발(R&D) 투자 순위를 보면 폭스바겐이 1위를 차지했고, 애플은 겨우 46위에 머물렀다. 애플은 판매 대비 연구개발 투자 비율이 2003년부터 급격히 감소하기 시작했다. 자사주 매입과 배당에 밀린 결과라고 의심할 만하다.[13]

스탠포드대학교 경영대학원의 샤이 번스타인 교수는 1985~2003년까지 상장한 미국의 벤처기업들을 상대로 나스닥 상장 전후 이들의 혁신성에 어떤 변화가 있는지를 살펴보았다. 혁신은 출원한 특허의 양과 질(인용 횟수)로 측정했다. 벤처기업들은 상장을 하고 나면 더 이상 혁신을 꾀하지 않고 있었다. 적어도 회사 내부에서 연구개발을 통해 이루어내는 혁신은 그랬다. 혁신은 주로 외부에서 왔다. 상장을 통해 자본조달 능력을 확충한 회사들이 주로 인수합병(M&A)을 통해 기술력을 보강하고 새롭게 인력을 충원하는 것이 상장 이후 혁신의 중요한 통로가 되고 있었던 것이다. 내부 혁신이 줄어드는 이유는 다음과 같았다. 경영자들은 혁신이 실패할 경우 주주들로부터 문책을 당할 수 있다는 것. 그리고 그럴 가능성은 상장 이후에 월등히 더 커진다. 그런 이유로 상장 이후 경영자들은 연구개발을 통한 혁신보다 인수합병 등을 통해 혁신을 수입하는 것을 선호하게 된다.

양날의 검, 기관투자자 참여

2018년 8월 8일 새벽, 세계적인 전기차 회사 테슬라의 최고경영자 일론 머스크는 자신의 트위터에 "주당 420달러에 (주식들을 사들인 후) 테슬라의 상장을 폐지하는 방안을 고려 중이다. 자금은 확보되어 있다"라는 글을 올렸다. 트

윗이 올라온 후 개장과 동시에 시장에서는 난리가 났다. 당시 테슬라 주가가 360달러 후반대여서 만약 420달러에 주식을 양도할 수만 있다면 큰 시세 차익을 얻을 수 있기 때문이었다. 너도 나도 테슬라 주식을 사고 싶어 했고 당연히 테슬라 주가는 급등했다. 그런데 머스크는 도대체 뭘 믿고 주당 420달러에 상장된 주식들을 사들일 수 있다고 했던 것일까? 그 어마어마한 금액을 도대체 어떻게 확보했다는 것일까? 세계 최대 국부펀드(sovereign wealth fund, 국가가 정부 자산을 운용해 얻은 수익을 투자, 관리하는 펀드)의 하나인 사우디아라비아 국부펀드가 자금을 대는 것이 아닐까라는 등등의 소문들이 무성했다.

수많은 개인이나 기관 등 일반 투자자들을 대상으로 자금을 조달하는 IPO 대신 몇몇 국부펀드나 사모펀드의 투자를 통해 자금을 조달하는 것은 IPO의 대체 방안이 될 수 있다. 근래 발표된 한 논문은 1996년에 미국에서 사모펀드를 규제하는 법안이 풀리면서 사모펀드의 투자를 받는 것을 선호하는 기업들이 IPO를 기피한 탓에 기업공개가 줄어들고 있는 추세임을 밝혀냈다.[14]

한국에서 사모펀드 활성화는 비교적 최근의 일이다.

2015년 금융위원회가 전문투자형 사모펀드, 이른바 한국형 헤지펀드 투자의 최저한도를 5억 원에서 1억 원으로 (1억 원만 있어도 사모펀드에 투자할 수 있게 되었다는 뜻이다), 경영참여형 사모펀드는 10억 원에서 3억 원으로 낮춘 것이 중요한 원인이었다. 2018년 9월에도 금융위원회는 사모펀드 투자자 수의 상한을 49인에서 100인 이하로 확대하고, 사모펀드가 소규모 투자를 해도 기업 경영에 참여할 수 있게 하는 등의 규제 완화안을 발표했다. 이는 사모펀드에 더 많은 투자자들이 참여할 수 있도록 진입 장벽을 대폭 낮춘 것이다.

국민연금이 주주권을 적극 행사해 기업 경영에 참여하는 스튜어드십 코드 도입을 두고도 논란이 뜨거웠다. 스튜어드십 코드Stewardship Code는 기관 투자자들의 의결권 행사를 적극적으로 유도하기 위한 자율 지침으로, 기관 투자자들이 자신이 투자한 기업의 의사결정에 적극 참여해 주주와 기업의 이익 추구, 성장, 투명한 경영 등을 이끌어내는 것이 목적이다. 국내에서는 2016년에 시행되었으며, 최대 투자 기관인 국민연금이 2018년에 스튜어드십 코드를 도입해 투자 기업의 주주가치 제고, 대주주의 전횡 저지 등을 위해 주주권을 행사하고 있다. 스튜어드십 코드 도입을 반대하는 의견은 주로 대주주나 경영자의 지배권[15]이 위협받는다거나 연금 사회주의가 이루어질 것이라는 등의 단점에 주목한다. 그러나 국민연금이 대주주로서 주주권을 행사해 주주들의 권익을 보호하는 데에 앞장서야 한다는 점을 강조한 찬성 쪽 의견이 많은 지지를 받았다.

사실 국민연금의 경영 참여는 양날의 칼이다. 국민연금의 경영진들이나 의사결정 프로세스가 정치인들의 간섭을 받게 된다면 정작 스튜어드십 코드는 주주들이 아니라 정치에 의해 좌지우지될 수 있기 때문이다. 하지만 이와 같은 걱정에도 불구하고 일본 등 많은 국가에서 연기금 스튜어드십 코드를 도입하고 있다.

단국대학교 양철원 교수는 국민연금이 목소리를 높였을 때 실제로 주가가 어떻게 영향을 받는지를 조사했다.[16] 국민연금이 주주총회에서 반대 의견을 표시한 주식은 이후 열흘간의 거래일 동안 2% 정도의 초과 수익률을 보여주었다. 국민연금이 반대 의견을 내거나 목소리를 높이는 것을 시장이 긍정적으로 받아들인다는 것이다.

충북대학교 경영학부 전홍민 교수 팀이 발표한 논문

「국민연금의 투자가 회계적 이익 조정에 미치는 영향」에 의하면 국민연금이 지분을 갖고 있는 회사의 경우 회계적 이익 조정earnings management을 잘 하지 않는 것으로 나타났다.[17] 회계적 이익 조정은 이익을 산출할 때 어느 정도까지는 재량적인 조정을 허용하는 것인데, 조정의 정도가 심할 경우 장부 조작으로 이어질 가능성이 다분해 많은 주의를 기울여야 하는 부분이다. 국민연금이 많이 투자한 회사일수록 이런 이익 조정이 적다는 것은 "경영자의 기회주의적인 상향적 혹은 하향적 회계 이익 조정에 대해 (국민연금이) 효과적으로 견제와 감시 활동을 실시하고 있"기 때문으로 보인다. 국민연금이 대주주가 되어 목소리를 높이는 것이 긍정적인 효과를 낼 수 있다는 것이다.

Q 묻고

A 답하기

주식의 위험성과 그 위험에 따른 적절
한 수익률은 어떻게 측정할 수 있을까?

수익률은 위험에 대한 보상이다. 하지만 위험을
측정한다는 것과 그에 대한 적절한 수익률을 알아
낸다는 것은 별개의 문제다. 가령 위험이 1이라고
한다면, 그에 따른 수익률은 몇 퍼센트가 적당할
까? 1%? 아니면 3%, 5%? 이것을 알려준 것이
바로 노벨 경제학상을 받은 CAPM(Capital Asset
Pricing Model, 자본자산 가격결정 모형)으로 이는 금
융경제학의 핵심 이론이다. CAPM은 증권의 수

익률과 위험과의 상관관계를 도출해내는 모형으로 주식 투자를 할 때 어떤 위험이 중요하고, 이것을 어떻게 측정하는지, 그리고 그렇게 측정된 위험에 대한 적정한 수익률은 얼마인지 등을 이론적으로 설명해준다. 그러나 많은 실증연구들은 이 모형의 한계 또한 명확하다는 것을 잘 보여준다. 이후 이 모형을 보완한 많은 모형들이 나오고 있다. 어떤 특정 모형을 맹신하는 것은 아주 위험하다. 각 모형이 가진 한계와 문제점을 정확히 알고 있을 때 우리는 모형을 가장 올바르게 사용할 수 있을 것이다.

주가가 미래의 모든 배당의 현재가치를 합한 금액이라고 한다면, 주식 거래는 결국 지금 주가만큼을 투자하더라도 미래의 배당금을 받는 것이 이득이라는 뜻인가?

어떤 사람은 5만 원이 싸다고 판단해 그 주식을 살 것이고, 어떤 사람은 비싸다고 판단해 그 주식을 팔 것이다. 싸다는 것은 현재의 주가가 미래에 받을 배당금의 현가, 즉 펀더멘탈보다 싸다는 뜻이다. 사람마다 평가하는 펀더멘탈이 다르기 때문에 같은 가격이더라도 누구는 비싸다고, 또 다른 누구는 싸다고 생각한다. 사고파는 거래가 발생하는 이유다. 따라서 거래가 빈번하게 발생한다는 것은 투자자마다 주식의 적정 가치에 대한 의견이 분분하다는 것을 의미한다. 그만큼 기업의 가치를 정확하게 파악하기가 어렵다는 뜻이기도 하다.

2부＿＿＿＿＿＿

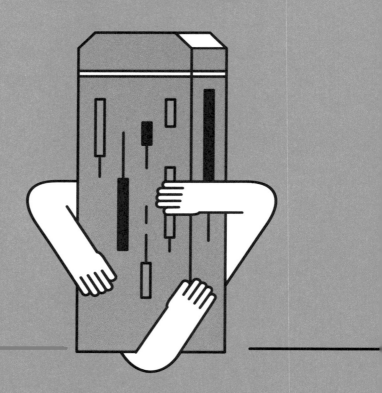

얽히고
설킨

대리인
문제와

그 해법

주주는 주가가 오르기를 바라고, 경영자는 자신의 보수가 오르기를 바란다. 그리고 성장성, 현재가치, 프로젝트의 특성 등 기업의 거의 모든 중요한 이슈에 대해 주주는 경영자보다 더 잘 알기 어렵다. 이런 정보불균형이 존재하는 상황에서는 주주와 대리인 사이에 충돌이 생긴다.

주주와 경영자 간의
동상이몽

이해 상충과 정보불균형

기업의 주인이 주주라면 경영자는 주주들이 경영을 맡기려고 임명한 주주들의 대리인이다. 그러나 이 둘 사이에는 갈등과 대립이 끊이지 않는다. 주인과 대리인 사이에 문제agency problem가 발생하려면 다음의 두 가지 조건이 충족되어야 한다. 이해 상충conflicts of interests과 정보불균형information asymmetry이다.

이해 상충은 주가가 오르기를 바라는 주주들과 자신들의 이익을 우선적으로 챙기고자 하는 경영자 간의 충돌을 말한다. 처한 입장이 다르다 보니 각자의 바람도 다른데 그럼에도 불구하고 기업의 한정된 자원을 나누어 가져야 하니 충돌이 생겨날 수밖에 없다. 이것이 이해 상충의 본질이다.

정보불균형은 쉽게 말해 회사에 대한 많은 것들을 경영자가 주주보다 더 잘 알고 있는 것을 일컫는 말로 '정보 비대칭'이라는 용어로도 자주 쓰인다. 성장성이나 현재가치, 프로젝트의 특성 등 회사의 중요한 이슈들에 대해 주주들은 경영자보다 더 잘 알기 어렵다.

이 두 가지 조건이 충족될 때 대리인 문제가 발생한다. 그리고 대리인 문제는 이 두 가지 조건이 충족되는 상황이라면 기업에서만이 아니라 어느 분야에서든 생길 수 있다. 예를 들어 정치 분야를 생각해보자. 한 나라의 주인은 국민이고 정치인들은 그들의 대리인이다. 그러나 서로 추구하는 바가 다르고, 양쪽의 정보력이 다르기 때문에 당연히 주인인 국민과 대리인인 정치인 사이에 이해 충돌과 정보불균형이 생길 수밖에 없다. 그래서 국민들은 항상 정치인이 자신을 위해 일하고 있는지 감시해야 한다. 이는 기업에서 주주들이 항상 경영자를 모니터링해야 하는 것과 같다.

대리인 문제의 두 가지 조건인 이해 상충과 정보불균형 중 더 중요한 것은 정보불균형이다. 만일 경영자가 오로지 주주만을 위해 일한다면, 그리고 그것을 주주들이 굳건히 믿고 있다면 이해상충 문제는 생기지 않는다. 그러나 설령 경영자가 오로지 주주만을 위해 일하는 사람이라고 하더라도 주주들이 그런 경영자의 본심을 믿고 안 믿고는 별개의 문제다. 정보불균형 상황에서라면 주주들이 경영자의 의사결정이 정말 주주들을 위한 것인지 아닌지 알 수 없기 때문이다. 그러니 이해 상충이 처음부터 존재하지 않는다 하더라도 정보불균형 상황에서는 대리인 문제가 여전히 남을 수밖에 없다.

　그렇다면 경영자가 자신의 이익밖에 모르는 경우라 하더라도, 다시 말해 이해 상충의 문제가 분명히 존재한다 하더라도 경영자가 알고 있는 모든 정보를 주주들도 똑같이 알고 있는, 즉 정보의 균형을 이루고 있는 상황이라면 어떻게 될까? 이런 경우라면 경영자가 주주들 몰래 자신의 이익을 위해 어떤 부정한 행위를 저지르는 것이 불가능할 것이다. 주주들이 훤히 들여다보고 있기 때문이다. 만약 경영자가 주주들로부터 어떤 프로젝트를 승인받고자 한다면 그 프로젝트는 반드시 양질의 프로젝트여야만 한다. 그렇지 않을 경우 주주들은 승인해주지 않을 뿐만 아니라 좋지 않은 프로젝트를 승인받고자 했던 경영자의 저의가 무엇인지, 혹시 프로젝트의 품질을 구분할 능력이 부족한 것은 아닌지 의심하게 될 것이다. 주주들이 그 프로젝트가 실제로 좋은 것인지 아닌지를 알고 있으니 경영자도 금방 탄로 날 거짓말을 할 인센티브가 없다.

이처럼 정보불균형은 대리인 문제의 가장 근본적인 전제조건이 된다. 그럼 그로 인한 '비용'에는 어떤 것들이 있을까? 정보불균형이 존재하는 상황에서라면 주주들은 경영자들이 제안하는 프로젝트가 실제로 좋은 것인지 아닌지 제대로 판단하기가 어렵다. 그리고 때로는 이런 이유로 인해 좋은 프로젝트를 승인하지 않은 결과 궁극적으로 손해를 보는 경우도 생긴다. 예를 들어보자. 경영자들은 주주들에 비해 위험을 추구하는 경향이 강하다. 프로젝트가 성공했을 경우에는 성과급을 많이 받을 수 있으나, 만약 실패하더라도 그다지 큰 페널티를 물지 않는 경우가 많기 때문이다. 잘 되면 내 덕이지만 잘못 되면 어쩔 수 없는 상황이 발생한 탓으로 둘러댈 수 있는 경우 특히 그렇다. 성과급이 이런 식으로 설계되면 경영자들은 위험을 무릅쓰고라도 확률은 낮지만 성공 시 큰 보상을 받을 수 있는 프로젝트에 투자하고 싶어 한다. 설령 그것이 기업가치에 해를 끼치는 네거티브-NPV 프로젝트라고 하더라도 말이다.

경영자들의 이와 같은 행태는 주주들의 이익에 반할 수밖에 없다. 그리고 주주들은 경영자들이 자신들을 속이고 이런 해로운 프로젝트에 투자할 인센티브를 갖고 있다는 사실을 잘 알고 있다. 이제 경영자들이 포지티브-NPV 프로젝트를 가지고 와서 승인을 요청한다고 해보자. 그 프로젝트의 진정한 가치를 모르는 주주들은 경영자들이 자신들을 속이려는 인센티브를 갖고 있다는 사실에 주목한 나머지 때론 양질의 프로젝트조차 승인하지 않으려 한다. 만약 승인했다면 미래에 벌어들일 현금이 늘어 주가도 상승하게 될 터였으나 이런 기회를 스스로 포기한 셈이다. 주주와 경영자의 갈등은 이처럼 큰 비용을 낳는다. 좋은 프로젝트를 스스로 걷어차버린 탓에 발생하는 기회손실은 대리인 비용agency cost의 좋은 예다.

정보불균형과 시장 실패

대리인 비용에는 여러 종류가 있다. 위에서 예로 들었던 것처럼 좋은 프로젝트인데 투자를 하지 않아 발생하는 손해도 있고, 반대로 나쁜 프로젝트인데 덜컥 투자를 해서 발생하는 손해도 있다. 뿐만 아니라 주주와 경영자 간의 문제가 심각해 소송을 진행해야 할 때 발생하는 비용, 파산 비용, 경영자들을 모니터하는 비용 등등이 지속적으로 발생할 수밖에 없고, 이런 비용들이 클수록 기업가치는 하락한다.

대리인 비용은 정보불균형 때문에 발생하지만, 정보불균형의 비용이 대리인 비용에만 머무르는 것은 아니다. 조지 애컬로프는 자신의 논문 「레몬 시장: 품질 불확실성과 시장 메커니즘」에서 정보불균형이 얼마나 큰 비용을 발생시키는지에 대해 이야기한다. 그에 의하면 자본주의를 떠받치는 중요한 메커니즘인 시장 기능은 순전히 정보불균형으로 인해 실패할 수도 있다.[18] 노벨 경제학상을 받은 이 논문을 직관적으로 이해할 수 있도록 조금 더 살펴보자.

예를 들어 당신이 차를 사려고 어떤 중고차 가게를 방문했다고 하자. 당신은 이 가게에 저품질의 차량과 양질의 차량이 섞여 있다는 것을 알고 있지만 불행히도 어떤 차량이 양질의 차인지는 알지 못한다. 그저 절반 정도는 양질이고 나머지 절반 정도는 품질이 나쁜 차량일 거라고 생각할 뿐이다. 정확한 품질은 딜러만이 알고 있으니 이는 전형적인 정보불균형 시장이다.

이런 시장에서 딜러가 추천하는 차량이 양질의 차량일 가능성과 품질이 나쁜 차량일 가능성은 반반이다. 품질을 알지 못하니 당신은 양질의 차량에 지불하고자 하는 금액과 저품질의 차량에 지불하고자 하는 금액의 평균 정도만을 지불하고 싶어 한다. 그렇다면 당신이 이런 식으로 가격을 지불하고자 한다는 걸 알고 있는 딜러는 당신에게 양질의 차량을 추천하지 않으려 할 것이다. 양질의 차량을 내놓아도 대폭 할인된 가격에만 차를 팔 수 있음을 알고 있기 때문이다. 결국 딜러는 가격 대비 품질이 떨어지는 차들, 즉 '레몬'들만을 추천하게 될 것이고(역선택adverse selection), 사정이 이렇다면 딜러가 어떤 차량을 추천한다는 사실 자체가 그 차량이 레몬이라는 것을 알려주는 것이나 마찬가지가 된다. 그러니 누구도 딜러가 추천하는 차량을 사려 하지 않게 된다(시장실패market failure).

애컬로프는 이 논문을 통해 '당신이 알고 있는 걸 나는 모르고 있다'는 이유 하나로 시장이 실패할 수도 있다는 사실을 보여주었고, 이는 경제학계에 엄청난 충격을 안겨주었다. 주식 발행에도 이 레몬 시장 이론이 적용된다. 자사주 매입의 경우와는 달리 주식을 발행한다는 발표를 하면 대개의 경우 그 회사의 주가는 떨어진다. 주식 수가 늘면 주주들의 지분이 희석될 가능성이 있기 때문이다. 더구나 주식 발행 뉴스는 다음과 같은 이유로 현재 해당 기업의 주가가 높게 형성되어 있다는 시그널을 시장에 전달하기도 한다. 경영자는 회사의 주가가 어느 정도여야 적정한지를 잘 알고 있다. 하지만 주주들은 모른다. 만약 경영자가 생각하는 적정가보다 낮은 가격에 주가가 형성되어 있다면 경영자는 그 가격에 주식을 발행하지 않으려 할 것이다. 시장가가 높을 때 발행하면 더 많은 자금을 조달할 수 있기 때문이다. 시장 참가자들은 경영자들이 이런 생각을 갖고 있다는 것을 알고 있다. 따라서 적정 주가를 알지 못함에도 불구하고 경영자가 주식을 발행하고자 한다는 사실만으로 현재 주가가 펀더멘털보다 높을 것이라고 생각하게 된다. 이유없이 비싼 '레몬' 주식이라는 것이다. 따라서 주가는 떨어지게 된다.

대리인 문제를 어떻게 줄일 수 있을까?

대리인 문제가 이해 상충과 정보불균형이라는 두 가지 조건 때문에 생긴다면, 문제 해결을 위해서는 이 두 가지 문제 또는 둘 중의 하나를 공략해야 할 것이다. 대리인 문제의 해법으로 논의되고 있는 방법들을 다음 장에서 하나씩 자세히 살펴볼 텐데, 우선 간략히 소개해보자.

- 경영자 성과 보상 체계
- 독립적인 이사회
- 소유 구조
- 인수합병 활성화
- 다양한 주체에 의한 감시 강화
- 공시 등 법과 규제
- 해외 상장
- 공매도

첫 번째는 경영자에게 주어지는 성과급 체계에 관한 것이다. 이것이 대리인 문제의 해법이 될 수 있는 이유는 이를 이용해 경영자와 주주 간 이해 상충을 줄일 수 있기 때문이다. 이를테면 경영자에게 스톡옵션을 주어 회사의 주식을 보유하게 하면, 다시 말해 경영자를 그 회사의 주주로 만들면 결국 주가 상승이 자신에게도 유리해져 주주들과 이해관계가 일치된다. 이해 상충이 줄어들면 대리인 비용도 줄어들 것이다.

이사회는 경영자를 효과적으로 모니터링하고 경영에 관해 조언할 수 있는 전문가들로 꾸려진 중요한 의사결정기구다. 수차 강조했듯이 주주들은 정보불균형으로 인해 경영자를 감시하는 데에 한계를 갖는다. 이때 기업 경영에 도움이 되는 이론과 실무 감각을 갖춘 이들을 이사회로 불러들이면 효율적인 감시 체계를 구축할 수 있다. 이사회 멤버들은 경영 의사결정을 제안, 분석, 평가하고 그 실행 여부를 승인하는 등 다양한 측면에서 경영자의 전횡을 제어할 수 있다. 모니터링은 당연히 정보불균형을 줄인다.

소유 구조는 지배주주의 존재 여부에 대한 것이다. 어떤 회사이건 주주들은 다수의 소액주주들로만 구성되어 있을 수도 있고, 또는 한 명 또는 몇 명의 대주주(지배주주)와 소액주주들로 구성될 수도 있다. 대리인 문제에 대한 해법으로는 여러 명의 소액주주들만 있는 경우보다 대주주가 있는 경우가 선호된다. 대주주는 자신의 이해관계가 회사와 밀접하게 연결되어 있지만 소액주주에게는 여차하면 주식을 팔아버리면 그만이라는 옵션이 있기 때문이다. 따라서 소액주주의 경우 회사의 운명과 자신의 이해를 일치시키려는 인센티브가 지배주주의 경우보다 현저하게 작다. 따라서 대개의 경우 대주주는 소액주주보다 경영자를 감시하는 데에 훨씬 더 적극적이다.

인수합병 또한 대리인 문제와 연관된다. 경영자의 부실 경영으로 인해 주가가 떨어질 경우에는 인수합병의 타깃이 될 수 있다. 인수자가 보다 싼 가격에 타깃 회사의 주식을 사들일 수 있기 때문이다. 이후 부실 경영을 한 경영자를 유능한 경영자로 교체하면 비교적 손쉽게 회사가치를 높일 수 있을 것이다. 다시 말해 인수합병 시장이 활발할 경우 경영자가 경영을 방만하게 하는 것은 결국 스스로 해고될 위험을 자초하는 셈이 된다.

경영 감시는 이사회 등 기업 내부에서 이루어질 수도 있지만 기업 외부의 기관들을 통해 이루어지기도 한다. 금융위원회나 증권감독원, 공정거래위원회 등의 정부 기구뿐 아니라 각종 시민단체와 언론, 그리고 증권사나 자산운용사, 애널리스트 등을 그 예로 들 수 있다. 또 유명 블로거나 다양한 종목토론방, 사회관계망 서비스SNS 등도 기업을 감시하는 외부 기관의 다양한 예가 된다. 이들의 모니터링은 기업에 대한 정보를 계속해서 일반 대중에게 제공하고 확산시켜 결국 정보불균형을 줄이는 역할을 한다.

법과 규제는 기업들에게 광범위한 외부 효과를 발생시킨다. 공시disclosure에 관한 것들만 살펴보더라도 쉽게 알 수 있다. 공시는 '모두'와 '제때'의 원칙을 지키면 된다. 기업과 관련된 모든 정보를 신속히 공시하면 되는 것이다. 딱이 두 가지만 지키면 되는데, 그렇지 않은 경우가 많다는게 문제다. 왜일까? 지키지 않아도 엄격하게 처벌받지 않는다면 굳이 공시 규정을 지키려고 노력하지 않게 된다. 특히 회사에 불리한 정보라면 굳이 이를 상세히 공시하고자 하지 않을 것이다. 이럴 경우 피해는 고스란히 주주들과 투자자들에게 이전된다. 공시는 주식시장이 원활히 작동하기 위한 기본 바탕이다.

해외 상장은 한국 회사들이 국경을 넘어 해외에, 이를테면 미국이나 홍콩, 유럽 등에 상장하는 것을 말한다. 예를 들어 포스코나 SK텔레콤 등은 현재 한국거래소뿐 아니라 뉴욕 증시에도 상장되어 있다. 이런 해외 상장이 어떻게 대리인 문제의 해법이 되는지 의아할 수도 있을 것이다. 이는 공시 규정이 미국에서 대개 더 엄격하다는 사정과 관련이 있다. 이를테면 미국에 상장하는 한국 기업은 한국보다 엄격한 미국의 공시 규정을 따라 기업과 관련된 모든 정보를 신속하게 공시해야 한다. 그렇지 않을 경우 한국에서보다 더 강력한 처벌을 받게 되기 때문이다. 따라서 해외 상장은 기업들이 앞으로 더 많은 정보를 더 적정하게 공시하겠다고 약속하는 것과 같다. 더 많은 적정한 공시는 당연히 정보불균형을 줄여 대리인 문제를 줄인다.

공매도 또한 대리인 문제를 해결하는 데에 큰 역할을 한다. 공매도자들은 주가가 떨어져야 수익을 내는 투자자들이다. 따라서 주로 펀더멘털보다 과대평가되어 있는 주식을 찾아내 공략한다. 공매도 포지션을 잡은 이후에는 기업이 숨기고자 하는 부정적인 정보를 적극적으로 시장에 퍼뜨린다. 주가를 떨어뜨리기 위해서다. 이때 주가가 과대평가된 다양한 이유들이 드러난다. 기업에 부정적인 정보가 시장참여자들에게 공유되며 따라서 정보불균형은 줄어든다. 예를 들어보자. 경영자들은 단기이익을 부풀려서라도 주가를 띄우고 싶은 인센티브를 갖고 있다. 그러나 공매도자들은 이런 점을 꿰뚫어보고 있다. 주가를 인위적으로 부양할 경우 회사에 공매도자들이 득달같이 덤벼들 것을 아는 경영자는 애초에 인위적인 주가 부양을 포기하게 된다. 자신의 회사에 들러붙는 공매도자들을 좋아할 경영자는 없기 때문이다. 다시 말해 공매도의 감시 기능 덕분에 경영자는 허튼짓을 함부로 할 수 없게 된다. 이렇게 대리인 비용을 감소시키는 것은 공매도의 커다란 순기능 중 하나다.

경영자에게 성과급을
주지 마라

돈을 더 주면 일을 더 잘할까?

2017년 1월 6일, 《한국경제》 신문은 《파이낸셜타임스》를
인용해 한 가지 흥미로운 연구를 소개했다.[19] 랭커스터대
학교 경영대학원 연구진이 2003년부터 2014년까지 영국
증시에 상장된 350대 기업 경영자들의 보수와 실적의 상
관관계를 살펴보았는데 놀랍게도 두 변수가 유의하게 관
련되어 있지 않았던 것이다.

　사람들은 보통 인센티브를 많이 주면 성과를 더 높일 수
있을 거라고 생각한다. 하지만 보상을 더 주었는데도 오히
려 성과가 떨어지는 정반대의 경우도 많다. 큰 성과 보상이
성과를 부풀릴 인센티브를 제공해 오히려 주주가치에 해

를 끼치는 경우가 적지 않기 때문이다. 스톡옵션을 갖고 있는 한 경영자의 예를 들어보자. 이 경영자는 주가가 오르면 더 큰 성과급을 받게 된다. 따라서 주가 상승을 바라는 주주의 이해관계와 자신의 이해관계가 일치하게 된다. 그러나 이런 일치가 반드시 주주와 경영자 모두 행복해지는 결과로 이어지지는 않는다.

이 같은 결과는 연구를 통해 실증적으로 증명되었다. 2004년, 회계학 분야에서 가장 권위 있는 학술지인《어카운팅리뷰》에 실린 한 논문은 1992년에서 2001년까지의 기간 동안 경영자들에게 스톡옵션을 준 미국의 1200개 회사를 분석한 실증연구 결과를 보여준다.[20] 경영자는 회사로부터 받은 스톡옵션을 현금화(이를 옵션을 '행사'한다고 한다)할 때 가능하면 주가가 높은 시기를 선택하고자 한다. 주가가 높으면 그렇지 않을 때보다 옵션 행사 시 더 많은 현금을 벌어들일 수 있기 때문이다. 예상대로 경영자들은 주가가 높을 때 스톡옵션을 행사하고 있었다. 이같은 현상이 경영자들이 주가가 오른 시점을 선택해 옵션을 행사한 이유 때문이라면 아무런 문제가 없다. 그러나 옵션을 행사해 얻게 될 이익을 극대화하기 위해 주가를 인위적으로 끌어올린 것이라면 얘기가 달라진다. 이는 명백한 부정행위이기 때문이다. 이 두 가능성 중 어떤 것이 맞는 얘기인지 어떻게 구분할 수 있을까? 이에 답하기 위해 연구자들은 옵션 행사가 끝난 이후의 주가 움직임에 주목했다. 만약 기업 성과가 좋아 주가가 올랐고 그때에 맞춰 옵션을 행사한 것이 사실이라면 주가는 옵션 행사가 끝난 이후에도 떨어질 이유가 없다. 그러나 일시적으로 주가를 조작해 인위적으로 부양한 경우라면 옵션 행사가 끝난 이후 주가는 떨어질 것이다. 조사 결과는 후자를 지지하고 있었다. 옵션 행사를 위해 이익을 부풀리는 회계적 이익 조정이 있었던 것이다. 이해 상충을 최소화하기 위해 경영자에게 스톡옵션을 주었지만, 오히려 경영자는 그 스톡옵션의 가치를 극대화하기 위해 궁극적으로 주주에게 해가 되는 일을 한 셈이다. 이처럼 보상 체계를 통해 대리인 문제를 해결하기란 여간 어려운 일이 아니다.

최고경영자는 NBA의 슈퍼스타급?

물론 성과 유인 보수 체계의 장점을 전면에 내세우는 의견이 없는 것은 아니다. 미국의 최고경영자들이 받는 거액의 급여는 기업가치를 높인 공헌에 대한 적정한 수준의 보상이라는 것이다. 다시 말해 높은 성과 보수는 능력 있는 최고경영자들이 기업의 생산성을 향상시켜 기업가치를 높인데에 대한 보상으로 주어진 것이니 충분히 정당하다는 말이다. 이 의견을 지지하는 연구자들은 경쟁 시장에서는 최고경영자의 급여가 그가 경영하는 회사의 주식가치와 전체 상장기업의 시가 총액에 의해 결정되며, 경영자의 재능이나 능력에 있어서의 작은 차이가 급여에서 나타나는 큰 차이를 설명할 수 있다고 주장한다.[21] 마치 약간의 실력 차이가 슈퍼스타와 일반 플레이어로 가르는 NBA 농구선수들의 경우처럼 말이다.

이와 같은 견해는 일반인들을 대상으로 한 전문서에서도 나타난다. 이를테면 『타일러 코웬의 기업을 위한 변론』에서 위와 같은 주장을 볼 수 있다. 기업의 시장가치가 늘면 보다 뛰어난 경영자를 모셔오기 위해, 또는 훌륭한 성과를 낸 경영자가 회사를 떠나지 않도록 하기 위해 급여를 대폭 인상하는 것은 이상한 일이 아닐 것이다. 코웬은 재능 있는 경영자 역시 뛰어난 농구선수들처럼 희소하지만 그들이 창출하는 가치가 엄청나게 크다는 점에 주목했다. 그는 최고경영자들의 높은 급여가 스테판 커리나 르브론 제임스 같은 최정상급 NBA 농구스타들이 받는 급여와 다를 바 없다고 이야기한다.[22] 2019년에서 2020년 사이 스테판 커리는 4000만 달러 이상 받았다. 그 바로 뒤에는 3800만 달러 이상 받는 크리스 폴이 있고, 한국에도 잘 알려진 르브론 제임스 역시 3700만 달러 이상 받는다.

그는 한발 더 나아가 많은 사람들이 비난하는 거액의 퇴직금이 갖는 커다란 장점에 대해서도 이야기한다. 우선 넉넉한 퇴직금은 경영자들이 위험성이 높지만 기대수익이 큰 프로젝트에 과감히 투자하도록 이끌어줄 수 있다. 또 회사를 난장판으로 만들어놓은 경영자가 비교적 쉽게 회사를 떠나도록 만드는 훌륭한 인센티브가 될 수 있다. 관련 사례 하나를 들어보자. 마이클 아이스너의 뒤를 이어 월트 디즈니의 최고경영자를 맡았던 마이클 오비츠는 아이스너와의 불화로 끊임없는 잡음을 일으켰다. 그는 1억 4000만 달러라는 천문학적인 퇴직금을 챙긴 후 불과 1년여 만에 회사를 떠났다.

사실 기업 성과에 영향을 미치는 여러 요소들 중에서 최고경영자의 영향만을 뽑아내 측정한 'CEO 효과'는 어느 정도 유의하며, 1960년대부터 계속해서 증가해온 것으로 보인다. 예전에는 해당 산업계가 처한 현황이나 거시 경제 상황에 의해 기업 실적이 결정되는 경우가 많았으나 1990년대 이후에는 이 변수들만으로는 실적을 설명하기 힘들어졌다.[23] 기업 환경이 훨씬 더 역동적으로 변화하면서 CEO의 역할과 능력이 기업 실적에 미치는 영향이 더욱 중요해졌기 때문이다.

성과 유인 보수 체계의 역효과

성과 유인 보수 체계의 역효과에 대해서는 너무 유명해 오히려 진부하게 받아들여지는 예가 있다. 인도가 영국의 지배 아래 있던 때의 일이다. 맹독성 코브라로 인해 사망하는 사람들의 수가 많아지자 정부는 코브라를 잡아오면 그 대가로 한 마리당 얼마씩 돈으로 보상해주는 정책을 시행했다. 이 정책은 초기에 큰 성과를 거두었다. 그런데 이상하게도 시간이 지날수록 코브라의 수가 줄기는커녕 더 늘어났다. 코브라를 잡으면 돈벌이가 된다는 걸 안 사람들이 자연 상태의 코브라를 잡아오는 게 아니라 아예 농장까지 만들어 코브라를 직접 사육하고 나섰기 때문이다. 제도가 원래 취지와 달리 악용되었고, 그에 따라 정반대의 효과가 나타나자 규제 당국은 곧 이 정책을 폐지했다. 더 이상 코브라를 사육할 이유가 없어지자 사람들은 키우던 코브라를 모두 풀어버렸고, 그로 인해 코브라는 또다시 늘어났다고 한다.

이와 비슷한 예는 차고 넘친다. 베트남의 하노이에서도 비슷한 일이 있었다. 프랑스의 지배를 받던 시절, 하노이 시내에 넘쳐나는 쥐들의 숫자를 줄이기 위해 쥐를 잡은 증거로 꼬리를 잘라오면 얼마의 돈을 지급하는 인센티브 정책이 시행되었다. 그리고 이상하게도 하노이 시내에는 수많은 꼬리 없는 쥐들이 나타나기 시작했다. 조사 결과 사람들이 쥐를 잡아 꼬리만 자른 뒤 다시 시궁창에 풀어준 사실이 드러났다. 쥐들이 번식해 개체수가 늘어나야 더 많은 꼬리를 얻을 수 있고, 그래야 더 많은 보상을 받을 수 있기 때문에 쥐를 풀어준 것이다. 이게 바로 성과 유인 보수 체계의 역효과다. 큰 성과 보수는 오히려 인센티브를 왜곡해 정반대의 효과를 야기할 수 있다. 사람들은 돈을 더 준다고 해서 반드시 더 많은 일을 더 효과적으로 하지는 않는다.

시카고대학교 경영대학원의 라구람 라잔 교수는 금융

발전이 세상을 더 위험하게 만들었는지, 아니면 더 안전하게 만들었는지에 대한 자신의 분석 결과를 보고 고개를 갸웃거렸다. 그의 가설은 당연히 세상이 더 안전해졌을 거라는 쪽이었다. 금융이 발전하면서 다양한 파생상품들이 시장에 나왔고, 따라서 이를 이용해 위험을 헤지hedge할 수 있는 기회가 대폭 확대되었다고 생각했기 때문이다. 하지만 연구 결과는 정반대였다. 세상은 금융의 발전으로 인해 더욱 위험해지고 있었다.

그 원인은 잘못된 보상 체계에 있었다. 특히 보상의 비대칭성이 문제였다. 좋은 성과를 냈을 경우에는 경영자들에게 엄청난 인센티브가 지급되었지만, 성과가 나쁘다고 해서 큰 페널티가 부과되지는 않았던 것이다. 이런 보상 체계는 자연스럽게 경영자들이 위험성이 큰 프로젝트나 고위험 상품들을 선호하도록 이끌었다. 라잔 교수는 이처럼 잘못 설계된 보상 체계 탓에 금융기술이나 지식, 인프라가 비약적으로 발전했음에도 불구하고 세상은 더 위험해졌다고 결론 내렸다.

문제점을 인식한 라잔 교수는 기존의 성과급 체계를 수정해 다음과 같이 지급할 것을 권유했다. 가령 경영자에게

1000만 달러의 성과급을 지급해야 한다면 이를 한 번에 모두 지급하지 않고, 매년 200만 달러씩 다섯 차례로 나누어 5년에 걸쳐 단계적으로 지급하는 방식을 채택하라는 식이다. 성과급을 한꺼번에 지급하지 않고 일부는 가지고 있다가 미래의 어느 시점에 경영자의 과거 성과가 단순한 운이 아니라 정당한 노력과 비전으로 얻은 것이 확인되면 그때 다음 단계의 성과급을 지급한다는 취지다. 만약 성과급 지급이 끝나지 않았는데 중간에 경영자가 회사에 커다란 손해를 끼칠 수도 있는 의사결정을 내렸음에도 운이 좋아 큰 성과를 냈다는 사실이 의심되면 미래에 주기로 한 성과급 지급을 중단하는 것은 물론 기존에 지급한 성과급에 대한 소환 청구도 가능하다. 200만 달러나 400만 달러를 돌려받는 것이 1000만 달러를 한꺼번에 돌려받는 것보다 당연히 쉬울 것이다. 성과 보상을 이런 식으로 하면 경영자는 미래에 들통날 나쁜 의사결정은 회피하게 된다. '먹튀'가 불가능하기 때문이다. 주주우선주의의 큰 폐해 중 하나라고 평가받는 경영자의 단기성과 중시 성향 또한 이와 같이 수정된 성과 보수 체계를 통해 보완할 수 있다.

　실제로 경영자에게 더 이상 성과급을 주지 않거나 아예

이런 단계적 보상 체계를 택하는 회사들이 늘고 있다. 라잔 교수가 제안한 성과 보상 체계는 주로 실리콘 밸리의 IT 기업 등 미국의 많은 기업들이 시행하고 있는 제한적 주식지급Restricted Stock Unit, RSU의 형태로 나타났다. 한국의 경우 ㈜한화가 국내 대기업 중 처음으로 2020년 2월 RSU 제도를 받아들이겠다고 공시했다. 회사는 성과 조건을 충족시키는 임원들에게 약 7년에서 10년 뒤에 주식을 지급한다. 회사가 장기적으로 성장한다면 미래의 주가는 크게 올라 있을 것이다. 그러니 단기이익에 급급하지 말고 큰 호흡으로 경영에 임하라는 주문을 한 셈이다. 회사로서는 임원들의 장기적인 의사결정을 유도함으로써 그들의 주인 의식과 책임감을 고취시키는 효과까지 기대할 만하다.

한국 경영자는 얼마를 받을까?

《블룸버그》의 2020년 7월 10일자 '맹비난은 월가가 다 받고, 돈은 거대 테크 기업 최고경영자들이 다 받았다'라는 제목의 기사에 따르면, 2019년에 미국에서 가장 높은 연봉을 받은 경영자는 테슬라의 일론 머스크이며, 그 금액은 무려 6억 달러에 달한다. 2위는 애플의 팀 쿡으로 1억

3000만 달러다. 엄청난 액수이지만 1위와의 격차는 상당하다. 최상위 10개 기업에는 이들 외에도 인텔, 알파벳, 마이크로소프트 등 친숙한 이름의 회사들이 있다. 이 중 10위 경영자가 받는 금액은 7000만 달러다.[24]

한국은 어떨까? 2018년 한국에서 가장 많은 연봉을 받은 경영자는 엔씨소프트의 김택진 대표로 140억 원에 달한다. 상위 10위에는 이재현 CJ그룹 회장, 조양호 한진그룹 회장, 신동빈 롯데그룹 회장, 허창수 GS그룹 회장 등이 있고, 삼성전자 권오현 회장은 7위다. 주로 재벌 그룹들로 엄청난 연봉을 받고 있지만 미국과 비교할 정도는 아니다. 《조선비즈》의 2018년 기사에 따르면 한국 최고경영자들의 연봉 최상위 10위에 해당하는 보수는 미국의 20%, 일본의 77% 수준이라고 한다.[25] 최상위 10인의 연봉 총액은 한국이 1006억 원이고 미국이 5091억 원, 일본이 1306억 원 정도다. 한국의 경우 상위 10인에 재벌 그룹 회장이 다수인 반면, 미국은 8인이 전문경영인이었고, 일본은 10인 전원이 전문경영인이었다.

미국과 견줄 수준은 아니지만 최고경영자들뿐 아니라 사내 이사들의 연봉도 높다. 2019년 국내 100대 상장사

CEO급 사내 이사들의 1인당 평균 연봉은 7억 6000만 원으로 미등기 임원의 세 배 수준이었다.[26] 최고는 삼성전자로 30억 원이 넘는 액수였고, LG전자(26억 2000만 원), GS건설(26억 700만 원), 현대자동차(22억 500만 원) 등이 그 뒤를 따랐다. 10억 원이 넘는 기업만 100대 기업 중 25곳에 달했다.

관점을 바꾸어 다른 측면에서 살펴보면 이것이 불평등을 확대시킬 수 있다는 것을 알 수 있다. 한 연구에 따르면 2012년 스톡옵션 등을 포함한 CEO 연봉은 직원 평균 연봉의 무려 270배를 상회했다고 한다. 이 배수는 1960년대에는 겨우(?) 20배 정도였지만 1990년대부터 급격한 상승을 거듭해 2000년대 초반에는 무려 400배를 넘기도 했다. 다시 말해 일반 직원들의 연봉 증가 속도보다 경영자들의 연봉 증가 속도가 훨씬 빨랐다는 얘기다.[27]

앞서 경영자들에게 주어지는 큰 보상이 그들이 만들어낸 성과에 대한 적정한 보상이라는 의견을 살펴보았지만 반대되는 의견 또한 널리 퍼져 있다. 서울대학교 경제학과 이준구 교수는 자신의 블로그에 올린 글을 통해 대기업 최고경영진의 높은 연봉이 과연 정당화될 수 있는 것인지 묻는다. 소득 분배 이론에 따르면 높은 연봉은 높은 한계생산성에 대한 보수일 테지만, 설령 기업이 높은 성과를 올렸다 하더라도 그것이 과연 오롯이 경영자의 기여 때문이라고 할 수 있는지 반문한다. 기업의 성과란 임직원들과 노동자들이 힘을 합쳐 이루어낸 결과일 터인데 그중 과연 얼마만큼이 경영자의 공헌도에서 나왔는지 측정하는 것조차 어려운 일일 테니 말이다. 이준구 교수는 기업의 주인은 주주이며 경영의 목적은 주가 극대화에 있다는 주주자본주의의 확산이 경영자들의 연봉을 급등시키는 배경이 되었다고 짚어낸다.[28]

경영진의 높은 연봉이 적정한지 여부는 둘째로 치더라도, 적어도 기업 성과와 어떤 식으로든 관련을 맺고 있다면 그나마 이해할 여지가 있다. 그러나 만약 누군가가 기업 성과에 아무런 공헌을 하지 않았음이 확실한데도 엄청난 금액을 보너스로 받아간다면 어떨까? 이런 것도 성과에 대한 올바른 보상이라고 정당화될 수 있을까? 성과 보상은 배당을 받는 것과는 다르다. 배당이야 주식을 들고만 있어도 받는 것이니 대주주인 경영자가 기업 성과에 특별히 어떤 공헌을 하지 않았다 하더라도 주주의 자격으로 배당을 받는 것은 문제될 것이 없다. 그러나 경영자가 아무 일도 하지 않고 엄청난 액수의 금액을 '성과급'으로 챙길 수 있다면 이는 횡령이나 마찬가지다. 주주가치를 해치는 엄중한 범죄인 것이다.

2013년 SK그룹의 최태원 회장은 301억 원의 보수를 받아 그해 최고 연봉을 받는 경영자가 되었다. 한화그룹의 김승연 회장 역시 급여와 상여금으로 200억 원 이상을 받았다. 대기업 회장들이니 이 정도 금액을 받는 것이 그다지 이상할 이유는 없다. 다만 이 두 명의 경영자가 2013년을 교도소에서 보낸 '공헌'에 대한 보상으로 회사로부터 이런 거액의 연봉을 받았다는 게 문제일 뿐. 커다란 비난에 직면한 한화그룹 김승연 회장은 이후 자신이 받은 금액 전부를 반납했다.

이사회는 과연
독립적인가

이사회와 경영자의 관계

대리인 문제 해결의 또 다른 키워드는 이사회board of directors
다. 이사회는 기업 경영에 해박한 지식과 경험을 갖춘 전
문가들로 구성해 경영자를 모니터링하고 경영에 참여하며
회사 경영에 대한 귀중한 정보들을 주주들에게 올바르게
전달해주는 역할을 한다. 이 같은 역할은 주로 주주와 경영
자 사이의 정보불균형을 줄여 대리인 비용을 감소시키고
따라서 주주가치를 높이는 데에 도움이 된다.

사외이사나 감사위원회는 양질의 기업지배구조를 위해
기본적으로 필요한 장치로 알려져 있다. 고려대학교의 김
우찬 교수는 그의 동료 버나드 블랙 교수와의 논문에서 한

국의 데이터를 이용해 이를 실증적으로 증명해낸 바 있다. 외환위기 이후 시가총액이 큰 기업에는 이런 장치들이 강제된 반면, 중소형 기업들에게는 이러한 의무가 면제되었는데 이러한 법률이 시행되면서 대형주들의 주가가 중소형주보다 유의하게 상승했던 것이다.[29]

그러나 실제로 많은 주주들이 이사회, 특히 사외이사 outside director들이 과연 제대로 기능하고 있는지에 대해 의구심을 갖는다. '사외이사들은 과연 거수기인가?'와 같은 뉴스가 심심찮게 나오는 것을 보면 더욱 그렇다. 그러나 이사회 기능의 효율성에 대한 이런 의구심은 비단 한국에만 있는 것은 아니다. 이사회의 독립성이 미약한 경우 그 효율성은 끊임없이 의심받는다. 여기서 독립성이란 경영진을 객관적으로 모니터링할 수 있는 여지에 대한 것이다. 예를 들어 이사진이 경영자와 사적인 친분을 갖지 않는 것이 보다 객관적으로 모니터링 역할을 수행하는 데 도움이 될 것이다. 경영자와 친한 사람들이 이사회에 잔뜩 포진해 있는 경우, 설령 경영자가 잘못했을 때조차도 이사회 멤버들이 책임 추궁을 주저할 가능성이 크기 때문이다. 이사회의 독립성이 강조되는 이유다. 이사회에 사외이사를 두도록 법으로 강제하는 것도 이사회의 독립성을 높이기 위한 조치다.

이사회가 독립적이라면 성과가 나쁜 경영자에게 페널티를 가하는 데에 있어서도 독립성이 낮은 이사회보다 더 적극적일 가능성이 높다. 그리고 이사회와 경영자와의 친교 정도는 아무래도 기업 외부에서 영입된 사외이사가 많을수록 적을 것이다. 기업재무 권위자인 마이클 와이스바흐Michael weisbach 교수는 독립적인 이사회가 성과가 나쁜 경영자들을 퇴출시키는 데에 있어서 독립적이지 않은 이사회보다 더 큰 역할을 하는지 살펴보았다. 예상대로 나쁜 성과를 보인 경영자가 퇴출되는 경우는, 사외이사가 대다수인 회사에서 월등히 많았다.[30]

이와 달리 독립적인 이사진보다 경영자와 친밀한 관계를 맺는 이사진이 이사회에 많을수록 더 좋다고 주장하는 독창적인 의견도 있다.[31] 경영자와 친한 사람들이 이사진에 많을수록 오히려 기업가치가 높아진다는 내용이다. 이건 무슨 얘기일까? 이사회의 역할은 경영자 감시만이 아니다. 경영자에게 여러 가지 조언을 해주는 것도 이사회의 중요한 기능 중 하나다. 그런데 조언자advisor 역할을 하는 데에 있어서도 정보불균형이 발생한다. 회사 사정에 대해 경영자들은 잘 알고 있고, 이사진들은 경영자만큼 잘 알지 못하기 때문이다. 그래서 이사회는 모니터링뿐만 아니라 경영자를 돕는 조언을 하기 위해서라도 경영자에게 여러 정보를 요구할 필요가 있다.

그런데 경영자가 이사진을 자신을 감시하기만 하는 껄끄러운 상대로, 다시 말해 적대적인 관계로 여긴다면 어떻게 될까? 정보를 달라는 대로 제공해주었다가는 오히려 이사진들이 그 정보를 이용해 자신을 공격할 수도 있다고 생각하기 때문에 이런 경우 대개의 경영자들은 이사회에 정보를 제공하는 것을 꺼린다. 이렇게 되면 이사진들은 경영자에게 진심 어린 조언을 해주고 싶어도 그럴 수가 없다. 제한된 정보만으로는 경영자에게 실질적인 도움을 줄 수 있는 어떤 내용을 만들어내기가 어려울 것이기 때문이다.

그러나 이사진과 경영자가 친밀한 관계에 있다면 이야기는 달라진다. 이런 경우 경영자는 자신이 제공하는 정보가 자신을 공격하는 데에 쓰이는 게 아니라 양질의 조언으로 다시 돌아오게 될 것을 기대하게 된다. 따라서 이사진들을 신뢰해 더욱 많은 정보를 제공하게 되고, 이사진은 더욱 많은 양질의 정보들을 면밀하게 분석하고 판단해 실질적인 도움이 될 조언을 해줄 수 있게 된다. 그러나 이와 같은 가능성은 이론적으로는 큰 설득력을 갖는 주장이지만 불행히도 아직 실증적으로 검증되지는 않았다.

이사회가 견고한 방어벽을 치고 자기들만의 이해를 좇는 등 제대로 작동하지 않으면 기업가치에 손실이 생긴다. 한 가지 예를 들어보자. 미국에서는 이사회 구성을 재조정할 때 이사진을 한꺼번에 모두 바꾸지 않고, 한 번에 3분의 1씩만 교체할 수 있도록 하는 제도를 두고 있다. 이것을 '시차이사회staggered board' 제도라고 한다. 시차이사회 제도는 해당 기업의 인수합병을 어렵게 만든다. 이에 따라 시차이사회 제도하의 이사들은 인수합병으로 인해 이사회가 해체되고 재구성되는 것에 대한 별 걱정 없이 자신들의 이익을 추구할 수 있다. 실제로 시차이사회가 있는 회사들의 기업가치가 그렇지 않은 회사들의 기업가치보다 유의하게 낮음이 실증적으로 밝혀지기도 했다.[32] 이사로서의 위치가 보다 안정적인 회사의 경우 이사진들이 안심하고 자신들의 이익을 추구하면서 대리인 비용을 발생시켰기 때문이다.

이사회의 독립성 여부는 이사들과 경영자와의 개인적인
친분과 관련이 있다. 그렇다면 경영자와의 친분이란 무엇
을 말하는 걸까? 가족 등 혈연관계를 먼저 떠올릴 수 있을
것이다. 그러나 그렇지 않더라도 사적인 관계는 얼마든지
만들어진다. 한 연구는 경영자와 이사진 간에 친분이 있는
지를 판단하려면 경영자의 사회적 유대social ties 또한 살펴봐
야 한다고 말한다.[33] 학연, 지연 등이 중요한 것은 한국이나
미국이나 다를 바 없다. 이 연구는 성과가 나쁘다는 이유로
경영자를 퇴출시키거나 연봉을 삭감하는 경우가 경영자와
이사진이 같은 학교나 같은 지역 출신일 경우 유의하게 드
물었다는 것을 찾아냈다. 미국 기업을 대상으로 한 결과다.
이런 결과는 경영자들이 이사회에 같은 학교, 같은 지역 출
신의 인물을 심어두고 싶어 할 유인이 있음을 잘 보여준다.
이사회의 독립성을 판단할 때 혈연뿐 아니라 경영자와의
학연이나 지연까지도 고려하는 것이 더욱 중요해질 수밖
에 없는 이유다.

　정치적 성향은 어디에서든 내 편과 네 편을 가르는 중요
한 기준이 된다. 그리고 이사진의 정치적 성향은 기업가치

에 영향을 미친다. 이사회의 정치적 성향은 회사가 어느 정당에 얼마의 돈을 기부했는지를 통해 측정할 수 있다. 공화당보다 민주당에 더 많은 기부를 했으면 민주당 성향으로 분류하는 식이다. 한 연구는 공화당의 부시가 당선되었던 2000년 미국 대선 이후 공화당 성향의 이사회를 가진 회사들의 기업가치가 높아진 반면, 민주당 성향의 회사들은 기업가치가 떨어졌음을 실증적으로 보여주었다. 받아들이기에 맘이 편치 않지만 기업가치를 위해서는 정치적 줄서기를 무시할 수 없음을 보여준 연구다.[34]

정권을 잡은 정당과 이사회가 선호하는 정당의 일치 여부만이 중요한 것이 아니다. 서울대학교 경영학과 이종섭 교수는 동료 교수들과 함께 이사진들의 정치적 성향이 기업가치에 미치는 영향을 조금 다른 측면에서 접근했다. 이사회 성향이 공화당이든 민주당이든 상관없이 이사진들과 경영자의 정치적 성향이 같은지 다른지에 집중한 것이다.[35] 정치적으로 같은 성향을 가졌다는 사실은 그 힘이 막강했다(예를 들어 이재명 후보를 지지하는 이사진과 윤석열 후보를 지지하는 경영자가 한 회사에 있다고 생각해보라). 이사진과 경영자의 정치적 성향이 같은 경우에는 경영자가 낸 성과가 매

우 저조하더라도 이사회가 보수를 깎는다거나 해임할 가
능성이 확연히 줄었던 것이다.

저자들은 여기에 더해 이런 회사일수록 경영자들이 회
계 장부를 조작할 가능성 또한 더 높았다는 것을 찾아냈다.
이사회가 눈감아 줄 가능성이 높다고 믿었던 모양이다. 이
연구는 이사회의 독립성을 판단할 때 정치적 성향뿐만 아
니라 그것이 경영자의 정치적 성향과 일치하는지, 즉 '유유
상종'인지 여부도 함께 고려해야 한다는 것을 말해준다.

일본 특유의 기업지배구조, 게이레츠

기업지배구조는 각 나라마다 특성이 있다. 영국 같은 경우
에는 기업지배구조를 법으로 강제하는 게 아니라 '모범 실
천 규약Code of Best Practice'이라고 하는 규범을 통해 자발적으로
규제토록 하고 있다. 독일은 '감독이사회'를 두고 노사가
기업의 중요한 의사결정을 함께하는 전통을 이어오고 있
다. 일본은 '게이레츠系列'라는 특유의 기업지배구조 시스템
을 갖고 있다. 게이레츠는 여러 개의 기업을 아우르는 일본
의 대기업 집단을 이르는 말로 한국의 대기업 집단인 재벌
과 비슷하다. 미쓰이, 미쓰비시, 스미토모 그룹 등이 게이

레스의 예다.

게이레츠에는 한국의 재벌과 다른 그것만의 특성이 존재한다. 첫 번째 특징은 게이레츠 소속의 각각의 회사들이 동일 게이레츠 내 다른 회사들과 상호 간 주식을 보유하고 있다는 점이다. 지분 구조가 마치 그물망처럼 연결되어 있다는 것인데 서로가 서로의 주식을 가지고 있다 보니 외부 세력이 게이레츠 내부 기업을 인수합병하기가 몹시 힘든 구조다. 당연히 게이레츠 기업의 경영자들은 인수합병 위협에서 벗어나 보다 장기적인 시각에서 기업 경영을 하는 것이 가능해졌다. 물론 인수합병 위협에서 자유롭다는 것은 오히려 경영자들이 주주의 이익을 희생시켜 스스로의 이익 추구를 쉽게 만드는 측면이 있어 대리인 문제를 키우는 요인이 되기도 한다. 사실 일본 기업들의 기업지배구조는 그다지 높은 평가를 받지 못하고 있다. 일본은 한국과 함께 기업지배구조가 후진적인 대표적 선진국으로 꼽힌다. 일본이 명목GDP 기준 세계 3위의 경제 대국이고 최고 경영자 시스템이 정착된 나라라는 사실에 비추어보면 무척 놀라운 일이다.

2012년 11월 3일자 《이코노미스트》 기사를 보면, 일본의 1700개 회사 가운데 사외이사가 한 명도 없는 기업이 1000개가 넘고, 한 명만 있는 기업이 320개 정도다.[36]《이코노미스트》는 이 기사의 제목을 "사외이사가 없어 저평가된 기업에 투자하고 싶으면 일본으로 가라"고 붙였다. 사외이사가 없다는 말은 일본의 기업지배구조가 그 정도로 좋지 않다는 것을 의미한다. 실제로 2011년 하반기에 터진 광학기기 전문 제조회사인 올림푸스의 1000억 엔에 가까운 분식회계 사건은 매우 유명하다. 영국인 마이클 우드포드는 최고경영자가 된 뒤 회사의 회계 부정을 폭로했지만 이사회는 결국 그를 퇴출시키고 말았다.

이 사건의 반향은 컸고, 이후 일본은 아베노믹스를 통해 사외이사를 선임하지 않은 상장사는 정기 주주총회에서 그 이유를 설명하고 공시하도록 하는 등 기업지배구조에 커다란 변혁을 시도했다. 가시적인 결과가 나왔다. 2016년 기사를 보면 85% 이상의 상장사가 사외이사를 두 명 이상 두고 있으며, 한 명 이상 두고 있는 회사는 거의 100%에 달한다고 한다.[37]

두 번째 특징은 게이레츠의 중심에 은행이 있다는 점이다. 이 은행은 동일 게이레츠 소속 회사들의 지분을 5%까지 보유할 수 있다. 한국에서는 금융자본과 산업자본이 서로 상대 업종의 지분을 보유하거나 지배하는 것을 금지하는 금산분리 원칙이 있어 불가능한 일이다. 은행이 회사의 지분을 소유해 주주가 된다는 것의 장점은 그로 인해 은행이 동일 기업에 대해 주주와 채권자로서의 두 가지 역할을 동시에 수행할 수 있다는 데에 있다. 은행은 대개의 경우 채권자다. 채권자들은 유사시에 주주보다 우선적으로 변제를 받지만, 대신 자신이 빌려준 액수와 이자를 제때 받을 수만 있다면 채무자가 그 이상 얼마나 더 많은 현금을 벌어들일 것인지에 대해서는 관심이 없다. 반면 주주들은 각종 비용을 제하고 채무를 변제하고 세금을 낸 후 남은 현금이 자신의 것이 되므로(잔여청구권) 기업가치가 커지면 커질수록 좋다. 게다가 기업가치가 아무리 곤두박질치더라도 주주들은 자신이 갖고 있는 지분 이상으로는 손실을 볼 수 없다. 이것이 주주의 유한책임 특성이다.

정리하자면 주주들은 최악의 경우라 하더라도 최대 손실은 지분 가치로 그 하한이 정해져 있는 반면, 최대 이익은 이론상 무한대로 열려 있다. 반면 채권자들은 최대한 받을 수 있는 금액이 원금과 이자로 상한이 정해져 있지만 최악의 경우에는 그 일부 또는 전부를 손해 보게 된다. 그래서 경영자가 위험이 커서 기대수익률이 높은 프로젝트에 투자하려는 것을 채권자들은 싫어하고 주주들은 반기게 된다. 이것이 채권자와 주주들 사이에 갈등이 야기되는 시작점이다.

주주들의 이 같은 성향을 알고 있는 채권자들은 위험한 프로젝트에 자신들이 빌려준 돈이 쓰이게 되는 것을 극도로 꺼린다. 만약 채권자들이 프로젝트의 위험성을 과대평가하면, 실제로 그것이 아주 좋은 프로젝트임에도 불구하고 채권자들이 돈을 빌려주기를 꺼려해 무산될 수 있다. 좋은 프로젝트를 포기함으로써 입는 손해는 대리인 비용의 아주 큰 부분을 차지한다. 기업가치를 높일 수 있는 좋은 기회를 스스로 날린 셈이기 때문이다. 게이레츠는 은행이 채권자뿐 아니라 주주로서의 역할을 동시에 수행토록 함으로써 채권자와 주주 사이의 갈등으로 인한 대리인 비용을 줄일 수 있도록 해준다. 은행이 비록 채권자이기는 하지만 기업가치가 늘어나면 그 과실을 잔여청구권자인 주주의 자격으로 챙길 수 있기 때문에 다소 위험이 크더라도 좋은 프로젝트에 반대할 이유가 적어질 것이기 때문이다.

사자에게 먹히지 않으려면
독이 든 알약을 먹어라

대리인 문제를 줄일 방법, 인수합병

인수합병은 대리인 문제를 줄이는 방법이 될 수 있다. 경영
자가 경영을 제대로 하지 못하면 회사의 주가가 낮아질 테
고, 주가가 낮아지면 쉽게 기업 인수합병을 당할 수 있는
상황에 놓이게 된다. 회사가 인수합병되면 경영자부터 퇴
출될 가능성이 크다. 그래서 경영자는 이런 일이 생기지 않
도록 회사의 주가를 높게 유지하기 위해 열심히 일한다. 앞
에서 이미 소개한 이 스토리는 간단하고 이해하기 쉽다. 그
러나 인수합병은 보다 까다로운 채널을 통해서도 대리인
문제에 도움을 준다.

　미국의 경제학자 샤프스타인David Scharfstein 교수는 인수합

병이 대리인 문제를 줄여주는 또 다른 채널에 대해 이야기한다.[38] 정보불균형은 주주들보다 경영자가 더 잘, 더 많이 알고 있는 상황을 가리키는 말이다. 따라서 정보불균형이 존재하면 주주들은 경영자의 성과를 정확히 평가하기 어렵다. 성과가 좋았을 경우에야 주주들도 경영자에게 보너스를 지불하는 데에 흔쾌히 동의하겠지만 성과가 나쁜 경우에는 어디까지 책임을 물어야 할지 난감할 것이다. 무엇보다 성과가 좋지 않은 이유가 경영자 탓인지 아닌지조차 파악하기 어렵다. 인수합병 제안은 이때 주주들이 성과 평가를 제대로 할 수 있도록 경영자의 성과에 관한 중요한 정보를 제공한다. 언뜻 이해하기 힘들지만 여기에는 충분히 수긍할 수 있는 탄탄한 논리적 근거가 있다.

지난 1년 동안 성과가 좋지 않아 기업의 주가가 많이 떨어졌다고 하자. 성과가 좋지 않은 이유는 아마도 둘 중 하나일 것이다. 경영자가 경영을 잘못했거나, 경영자는 열심히 잘했지만 전반적인 경제 상황이 너무 좋지 않아 어쩔 수 없었거나. 하지만 주주들은 이 두 가지 중 어떤 것이 좋지 않은 성과의 더 큰 원인인지 구분하지 못한다. 정보불균형 때문이다. 만약 주주들이 이 둘을 제대로 구분할 수만 있다면 경영자에게 정확한 보상을 해줄 수 있을 것이다. 경영자의 잘못이 분명한 전자의 경우라면 경영자를 문책하고 보수를 줄이거나 해고를 하면 된다. 그러나 경영자의 잘못이 아닌 후자의 경우라면 경영자를 문책해서는 안 된다. 이 두 가지를 제대로 구분하지 못한다면 성과 기반 보상 체계도 무너진다. 그렇게 되면 경영자는 이제 잘해도 그만, 못해도 그만이라는 생각을 갖게 될지도 모른다. 그 결과 대리인 문제는 더 깊어질 수밖에 없을 것이다.

인수합병은 이때 필요한 정보, 즉 경영자의 잘못이 얼마만큼인지를 알려준다. 주가가 낮은 이유가 경영자에게 있는지 아니면 경영자도 어쩔 수 없는 경제적 상황 때문인지 주주들은 알 수 없지만, 인수합병을 노리는 투자자들은 주주들보다 훨씬 더 정확히 알고 있는 경우가 많다. 기업을 인수하기 위해서는 그 기업에 관한 모든 것을 속속들이 검토하고 분석해 파악하는 것이 기본이기 때문이다. 주가가 떨어진 이유, 다시 말해 성과가 나빴던 이유가 만약 경영자에게 문제가 있어서라고 판단된다면 기업사냥꾼들은 인수합병을 시도할 것이다. 주가가 떨어졌으니 싼 값에 기업을 인수한 뒤 더 나은 경영자로 교체하면 주가를 올릴 수 있을 것이기 때문이다. 하지만 경영자가 어쩔 수 없는 어려운 경제 상황이 그 원인이었다면 인수합병을 하더라도 그 기업의 가치를 올릴 수 있는 방법이 그렇게 간단하지 않다. 경영자의 잘못이 아니니 경영자를 교체한다고 해서 기업가치를 올릴 수 있는 것도 아니다. 기업가치를 올릴 수 있는 방법을 모른다면 인수합병을 시도할 이유가 없다. 정리하자면 인수합병 시도는 오직 경영자가 잘못한 경우에만 생긴다. 다시 말해 인수합병 시도가 있다는 자체가 경영자가 성과가 나쁜 것에 대해 책임이 있다는 걸 알려주는 시그널이 된다.

주주들은 정보불균형으로 인해 경영자가 잘했는지 아닌지는 알지 못한다. 하지만 경영자가 잘못했을 경우에만 인수합병 시도가 있을 거라는 사실만큼은 알고 있다. 그러니 누군가가 인수합병을 제의해왔다면 주주들은 그 사실을 경영자가 제대로 일을 하지 못한 탓에 기업가치가 떨어졌다는 것으로 해석한다. 다시 말해 인수합병 제의가 있다면 주주들은 경영자에게 책임을 물어 그에 합당한 만큼의 페널티를 부과하면 된다. 반면 인수합병 제의가 없다면 주주들은 그것을 경영자에게는 잘못이 없다는 신호로 받아들인다. 주주들은 이처럼 인수합병 시도의 유무를 통해 경영자에게 올바르게 책임을 묻고 성과 보수를 보다 정확하게 지급할 수 있게 된다. 인수합병이 정보불균형을 해소하는 데에 도움을 주기 때문에 가능한 일이다.

단기 투자자가 많은 기업의 인수합병, 주가는?

경영자가 장기적인 성장 기회를 희생시키면서까지 단기적인 주가 부양책을 남발해가며 주가를 떠받치는 데에 몰두하면 이는 결국 주주들에게 손해다. 문제는 '어떤' 주주들이 손해를 보게 되는가이다. 주주들이라고 모두 똑같은 주주가 아니기 때문이다. 여기에는 주주들이 장기투자자인지, 단기투자자인지가 중요하게 작용한다.

인수합병이 이루어지려면 인수하려는 회사가 있고, 표적이 되는 회사가 있어야 한다. 이때 인수하려는 회사의 주주들이 장기적 투자에는 관심이 없고, 단기적 성과에만 관심이 있다면 어떤 일이 벌어질까?

단기적 투자자들이 많은 인수 기업은 합병 발표 이후 주가가 내려가 오랫동안 회복되지 못하는 경우가 많다. 이는 주주들이 단기적 성과에만 관심이 있어 인수합병처럼 기업의 장기적 성과를 목표로 하는 투자에 별 관심을 두지 않기 때문이다. 주주들이 관심을 두지 않다 보니 경영자들은 주주들보다 자신의 이익을 위해, 심지어 기업가치를 해치는 인수합병까지 시도하게 된다. 결과적으로 단기적 성과에만 매몰되어 있는 주주들은 인수합병과 같은 중요한 이슈와 관련해 자신의 재산을 갉아먹도록 방치하는 셈이다.

한국에선 특이하게도 단기성과주의를 극복할 수 있는 하나의 열쇠로 재벌 체제의 역할이 작지 않다. 재벌 체제는 많은 문제점을 갖고 있지만 적어도 이 시스템에서는 경영자들이 단기성과주의에 매몰되지 않는다. 재벌들이 매년 경영 성과를 평가받아 그에 따라 직을 유지하는 것이 아니기 때문이다. 성과가 어떻든 재벌 집안 경영자들의 지배권은 견고히 지켜진다. 그러니 매년 주주들의 눈치를 보며 단기적인 성과를 내려고 전전긍긍할 필요가 없다. 그리고 중화학공업, 철강, 자동차, 반도체, 조선 등 경영자들이 단기적인 전략만을 추구했다면 발전이 불가능했을 산업들이 한국의 경제발전에 주된 역할을 한 것이 사실이다.

그러나 재벌의 지배권 자체가 위협받는 경우도 심심치 않게 나오기 시작했다. 2003년에 외국계 사모펀드 소버린

이 SK 주식을 대량 매입했던 사건은 이와 관련된 중요한 사례다. 당시 소버린은 최태원 회장 일가를 퇴진시키고 기업지배구조를 개선시키겠다며 지분을 매입하기 시작했다. 그러나 최태원 회장 일가가 지배권 방어를 위해 지분 매입 등을 실시하고 이에 주가가 오르자 사들였던 SK 지분을 매각해 결국 1조 원 가까운 차익을 남기고 철수했다. 이로 인해 소버린은 결국 '먹튀'의 대명사가 되었다. 미국계 헤지펀드 엘리엇은 2015년에 삼성그룹을, 그리고 2018년에는 현대자동차그룹을 표적으로 삼았다. 엘리엇은 삼성물산과 제일모직 합병을 반대하며 삼성 측과 대립했고, 현대자동차의 지배구조 개편안에 반대했다.

지배권이 안정되어야 기업이 장기적인 프로젝트에 집중하는 것이 가능한데 이처럼 외국계 행동주의 펀드들이 국내 대기업을 표적으로 삼기 시작하자 재벌 그룹들도 긴장하기 시작했다. 재벌 그룹들은 회사가 기업사냥꾼에게 넘어가지 않도록 지배권을 보장하는 방법을 강구하고 나섰다.

인수합병의 방어 수단

다음 도표는 한국, 미국, 일본, 영국, 프랑스 등 5개국의 대

구분	한국	미국	일본	영국	프랑스
자기주식 취득(Stock Repurchase)	O	O	O	O	O
황금낙하산(Golden Parachute)	O	O	O	O	O
시차임기제(Staggered Board)	O	O	O	X	O
초다수결의제(Supermajority Share)	X	O	O	X	O
차등의결주식(Dual-Class Share)	X	O	O	O	O
포이즌 필(Poison Pill)	X	O	O	X	O

O: 도입, △: 부분적 도입, X: 미도입

주요 국가별 지배권 방어 수단 비교

표적인 지배권 방어 수단을 비교한 것이다.[39]

자사주 매입과 황금낙하산은 예로 든 모든 국가들에서 허용하고 있다. 자기주식 취득은 지배주주의 지배권을 방어하기 위한 기본적인 수단이다. 자사주의 경우 보통 의결권이 제한된다. 따라서 자사주 매입은 의결권을 가진 주식 수를 줄임으로써 지배주주 보유 지분의 의결권을 상대적으로 강화시킨다. 또 매입한 자사주를 소각하지 않고 갖고 있다가 지배주주에게 우호적인 세력에게 매도함으로써 우호 세력을 늘리는 데 이용될 수도 있다. 그리고 황금낙하산은 인수합병 등으로 인해 경영자가 임기 전에 사임할 경우, 거액의 퇴직금과 스톡옵션, 그리고 일정 기간 동안의 보수와 보너스를 받을 권리를 사전에 고용계약에 기재해 기업의 인수 비용을 높여 지배권을 방어하는 방법이다.

시차 임기제는 앞에서 이미 이야기한 바와 같이 이사회 멤버들의 임기 만료가 한꺼번에 닥쳐오도록 하지 않고, 한 번에 몇 명씩 일부 위원들의 임기만 만료토록 함으로써 전체 이사회 성원이 교체되는 데에 상당한 시간이 걸리도록 만든 제도다. 이는 인수자가 자신의 이익을 대변하는 사람들을 이사회에 진입시켜 이사회를 장악하는 데에 큰 걸림돌이 된다.

도표에 나타낸 지배권 방어 수단 중에는 한국에서 허용되지 않고 있는 몇 가지가 보인다. 우선 '초다수결의제'를 보자. 이는 회사에서 인수합병처럼 중요한 의사결정을 할 때 상법상의 특별 결의 요건보다 더 가중된 결의 요건을 규정하는 것이다. 예를 들어 출석한 주주 의결권의 과반수 정도가 아니라 아예 90% 이상이 되어야 의결되도록 하는 식이다. 절대다수의 찬성이 필요한 탓에 상대적으로 적은 수의 반대 의견에 큰 힘을 실어줌으로써 인수합병의 방어 수단으로 사용될 수 있다.

'차등의결권주식'은 '1주-1표'의 원칙을 수정해 특정 종류 주식의 의결권을 대폭 늘리는 방법이다. 예를 들어 주식을 클래스 A, B로 나누어 A에게는 주당 10표의 의결권을 주고, B에게는 주당 1표의 의결권만을 주는 방식으로, 주당 행사할 수 있는 의결권 자체가 차등적으로 주어지도록 한 제도다. 이 예의 경우 A주식을 갖고 있는 주주의 의견을 뒤집기 위해서는 B주식을 갖고 있는 주주들이 10배 이상 단합해야 한다. 차등의결권은 원래 벤처기업이나 비상장 혁신기업들이 자본조달을 위해 상장이나 증자를 할 경우 경영자의 지분이 희석되는 것을 막기 위한 취지로 도입되었다. 그러나 한국에선 이미 강력한 지배주주의 의결권을 더욱 강화시킬 수 있다는 우려로 인해 도입하지 않고 있다.

'포이즌 필'은 적대적 인수합병을 방어하기 위해 기존 주주들에게 시가보다 싼 가격으로 지분을 살 수 있도록 권리를 부여하는 것이다. 쉽게 말해 약한 동물이 힘센 동물에게 잡아먹히지 않기 위해 독을 먹는 것처럼 독소 조항을 만들어두는 것이다. 예를 들어보자. 누군가가 인수합병 의도를 가지고 당신 회사의 지분 20%를 샀다고 치자. 회사는 인수합병 위협에서 벗어나기 위해 신주를 대량으로 발행해 인수자 외의 다른 주주들에게 헐값에 판다. 이렇게 하면 다른 주주들의 지분이 올라 인수자의 지분이 희석된다(인수자의 지분율이 낮아진다). 당연히 인수자는 추가적으로 지분을 사들여야만 한다. 여기에는 큰 비용이 들어간다. 이를 플립인flip-in 방식의 포이즌 필이라고 부른다. 또 다른 방식으로는 인수합병이 이뤄진 뒤 타깃 회사의 주주들이 인수 회사의 주식을 헐값에 살 수 있다는 조항을 집어넣는 플립오버flip-over도 있다. 이렇게 하면 인수 회사의 기존 주주들이 갖고 있던 지분이 타깃 회사 주주들에 의해 희석된다.

테뉴어 보팅, 차등의결권 주식, 집중 투표제, 받아들여야 할까?

테뉴어 보팅tenure voting은 장기간 보유한 주식에 더 많은 의결권을 부여하는 것으로, 차등의결권 제도 중 하나로 볼 수 있다. 겨우 며칠 동안만 보유하고 있는 1주와 10년 동안 보유하고 있는 1주가 똑같이 1표의 의결권을 갖는다는 것 자체가 불합리하다는 생각에서 제안되었다. 장기 보유 주식에 대해서는 단기 보유 주식보다 더 큰 의결권을 부여해야 한다는 것이다.

이 제도는 프랑스에서 처음 만들어졌다. 룩셈부르크에 본사를 둔 세계 최고의 다국적 철강회사인 아르셀로미탈은 2006년 6월, 당시 세계 1, 2위를 다투던 철강업체 미탈과 아르셀로의 합병으로 창립되었다. 미탈이 아르셀로를 상대로 적대적 인수합병을 시도한 것인데 인수합병에 성공한 미탈은 사업 재편 차원이라는 명분으로 프랑스에 있던 아르셀로 공장을 폐쇄해버렸다. 이로 인해 그곳에서 일하던 600여 명의 근로자가 일자리를 잃고 말았다. 프랑스 정부가 사태 수습에 나섰으나 이미 늦었다. 심각성을 느낀 프랑스 정부는 자국 기업의 지배권 보호를 위해 장기 보유 주식에 더 많은 의결권을 부여하기로 결정했고, 이렇게 해서 테뉴어 보팅 제도가 만들어졌다.

합리적인 제도로 보이지만 이 제도의 도입에 반대하는 목소리가 만만치 않다. 보통 재벌들은 주식을 장기간 보유한다. 부의 상속이 주식을 통해 이루어지는 경우가 많으니 당연하다. 그러나 바로 이 점이 테뉴어 보팅 제도에 대해 많은 사람들이 반대하는 이유다. 테뉴어 보팅이 재벌들의 의결권을 과도하게 강화시켜 특혜를 제공하는 셈이 될 가능성이 크기 때문이다. 제도 도입에 찬성하는 이들은 장기 보유 주식은 재벌만 가지고 있는 게 아니라는 점을 강조한다. 예를 들어 국민연금 같은 경우에도 웬만한 우량 주식은 2018년 기준으로 27년 동안이나 보유하고 있다.[40] 테뉴어 보팅 도입이 재벌보다는 오히려 장기적으로 주식을 보유하고 있는 기관 투자자들에게 더 많은 권한을 부여하는 것이니 재벌들에 대한 과도한 특혜로 볼 수 없다는 것이다. 오히려 장기투자를 유도함으로서 단기적 이익만을 노리는 투기 세력에 대항하는 효과적 제어 수단을 제공한다고 주장한다.

또 다른 문제는 이제 막 상장을 한 신생 기업에는 테뉴어 보팅 제도를 적용하기가 어렵다는 데에 있다. 신생 기업의 경우 장기 보유 주식이라는 것이 있을 수 없고, 설령 있다고 하더라도 단기 보유 주식과 보유 기간 차이가 크지 않다. 그래서 신생 기업들은 이런 경우 테뉴어 보팅보다는 차등의결권 주식 제도를 방어 수단으로 사용한다. 예를 들어 구글, 페이스북, 링크드인, 컴캐스트 등은 지배권을 보장받기 위해 차등의결권 제도를 두고 있다.

대부분의 규제가 그렇듯이 차등의결권 제도 또한 양날

이 시퍼런 칼이다. 2019년, 세계 최대 공유오피스 업체인 위워크WeWork의 공동설립자이자 최고경영자인 애덤 뉴먼이 총 12억 달러를 퇴직금으로 챙기며 자리에서 물러났다. 한국 돈으로 약 1조 3000억 원이 넘는 천문학적인 액수다. 성과가 좋지 않아 사실상 해고당하는 경영자가 어떻게 이런 거액을 퇴직금으로 받을 수 있었을까? 이는 그가 보유한 주식이 다른 보통주의 10배에 해당하는 강력한 의결권을 가지고 있었기 때문이다. 그는 스스로에게 거액의 퇴직금을 지급하는 안건을 자신의 투표를 통해 통과시킬 수 있었다. 지배권을 안정적으로 보장함으로써 보다 장기적인 안목에서 경영을 하도록 돕자는 취지로 도입된 제도가 이처럼 어처구니없는 결과를 만들어낼 수도 있다. 이 사건 이후 미국에서도 차등의결권 제도에 대한 회의가 높아져 반대의 목소리가 커진 상태다.

대주주들에게 특혜일 수 있는 제도들과 달리 소액주주가 보호받을 수 있는 장치들은 많지 않다. 그래서 특히 중요하게 이야기되는 제도 중 하나가 집중투표제다. 집중투표제는 2인 이상의 이사를 선임할 때 각 1주당 선임할 이사 수만큼의 의결권을 주고, 이를 모두 특정한 1인의 후보에게 집중적으로 몰아줄 수 있도록 한 제도다. 예를 들어 3인의 이사진을 뽑는 경우 주당 이사 수 만큼인 3표씩의 의결권이 주어지는데 이 3표를 모두 특정한 후보에게 몰아줄 수 있다. 이렇게 하면 소액주주들이 자신들의 이익을 대변할 것이라고 믿는 적은 수의 후보나마 이사진으로 선임할 가능성이 커진다.

일각에서는 집중투표제가 투기 자본에 악용될 수 있다는 우려를 갖는다. 외국계 투기 자본을 도와 국내 기업의 지배권을 위협한다는 주장이다. 불행히도 이는 지나친 비약이다. 지배권 방어의 근본 해법은 경영을 잘하는 데에 있지 소액주주들의 이익을 배제하는 것에 있지 않다. 법무부는 2018년 2월, 자산 2조 원 이상의 상장사에 집중투표제를 의무 도입하는 상법 개정 의견을 국회에 제출했다. 대주주의 전횡을 견제할 수 있다는 점에서 집중투표제의 실효성 강화가 필요하다는 의견이 컸으나 아직 법제화되지는 못하고 있다.

이사회의 역할과 기능이 제대로 작동하
고 있는지는 무엇을 통해 알 수 있을까?

경영자를 모니터링하는 기구가 이사회다. 그리
고 이사회는 주주들에 의해 선임된다. 그러나 경
영자들이 주주들의 이익을 대변해야 함에도 불구
하고 자신들의 이익을 우선으로 추구할 위험이
있는 것처럼, 이사회 역시 적절한 감시와 모니터
링이 없으면 제 역할을 하기 힘들다. 궁극적으로
는 이사회의 역할을 감시하는 것 역시 주주들이
다. 이사회의 모든 의사결정은 회사와 주주를 위

한 것이어야 한다(선량한 관리자로서의 의무). 이 역
할을 방기했을 경우 이사진이 책임을 회피할 수
없도록 하는 것이 중요하다. 이사회의 선량한 관
리자 의무는 3부에서 다루기로 한다.

주주와 대리인의 갈등은 누가 규제하나?

이 장에서 살펴본 것은 대리인인 경영자와 주주
의 갈등이다. 그 갈등은 아주 다양하게 드러난다.
갈등이 다양하니 여러 방법으로 이를 모니터링하
고 규제할 수 있도록 많은 방법들이 제안되었다.
성과 보수, 이사회, 인수합병 등과 관련된 많은 이
슈들이 대리인 문제와 연관되어 있다.

　법적인 규제뿐 아니라 주주와 경영자, 그리고
수많은 이해당사자들, 예를 들어 고용된 노동자
들이나 관련 업체, 소비자, 미디어, 지역사회 등
다양한 층위의 주체들이 모두 대리인 문제를 제어
하는 데에 중요한 역할을 담당할 수 있다.

3부_____

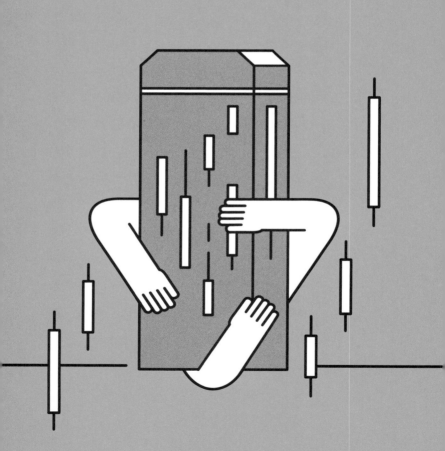

갈등은
어디에나

있
다

잔여청구권자인 주주들에게 기업가치는 높으면 높을수록 좋다. 반면 돌려받을 금액의 상한이 이미 정해져 있는 채권자들에게 기업가치는 자신들이 빌려준 돈을 받을 수 있는 수준이면 충분하다. 따라서 주주들은 위험을 감수하고라도 높은 잠재적 수익을 줄 수 있는 프로젝트를 기꺼이 수행하길 원하지만, 채권자들은 이런 위험한 프로젝트를 반기지 않는다. 기업가치에 대한 근본적인 관점이 다른 주주와 채권자 간에 이처럼 위험을 감수할 인센티브가 각기 다르게 작동하면서 결국 두 집단 사이에 갈등과 다툼이 생긴다.

서로 다른 두 입장,
주주와 채권자

주주와 채권자의 엇갈리는 셈법, 채무발 해이

영화 〈대부 Ⅲ〉에 다음과 같은 장면이 나온다. 바티칸 은행
의 회계 책임자였던 한 가톨릭 대주교는 7억 달러 가량의
자금이 사라진 것 때문에 고민하다가 이를 해결해 달라며
평소 친분이 있던 유명한 마피아 마이클 코를레오네를 찾
아간다. 마침 바티칸이 25%의 지분을 보유하고 있는 한 부
동산 금융업체를 인수하고 싶던 마이클은 대주교를 도와
주는 대가로 바티칸이 이 인수 건을 승인해줄 것을 요구한
다. 바티칸의 지분을 마피아 집안에 우호적으로 사용하는
것이 마음에 들지 않았지만 그의 요구를 받아들이며 대주
교는 다음과 같이 탄식한다. "요즘 세상에서는 죄를 탕감

해주는 권력보다 부채를 탕감해주는 권력이 더 센 것 같군요. 아멘."

　돈을 빌리면 당연히 채무관계가 발생한다. 채무는 빌려온 돈과 이자를 갚아야 할 의무를 말한다. 그러나 여기에서 끝이 아니다. 돈을 빌리면 채무뿐 아니라 또 다른 복잡한 문제가 발생한다. 기업에는 주주와 경영자뿐만 아니라 여러 이해당사자들 사이에 얽히고설킨 문제들이 존재한다. 주주와 채권자 간의 갈등도 그중 하나다. 예를 들어 당신이 한 회사의 주주이고, 그 회사는 많은 부채를 갖고 있다고 해보자. 이런 경우 돈을 빌려준 채권자는 당신 회사의 사업이 어떻게 운영되든 빌려준 돈의 원금과 이자만 제때 받으면 그만이다. 그러나 주주인 당신은 회사의 가치가 부채가치 이상으로 높아질 경우에만 채권자에게 빌린 돈을 갚고 남은 잔존가치 모두를 챙길 수 있다. 다시 말해 주주 입장에서는 기업가치가 높아질 경우에만 높아질수록 좋고, 채권자 입장에서는 그러거나 말거나 빌려준 돈만 받을 수 있으면 상관없을 거라는 이야기다. 주주 입장에서는 기업가치가 아예 0으로 떨어지든, 0보다는 크지만 부채 수준보다는 밑으로 살짝 떨어지든 아무런 차이가 없다. 빚을 다 갚든, 일부만 갚든 어차피 주주들이 가져갈 몫이 없는 건 마찬가지이기 때문이다. 반면 주주들은 빚에 대해 유한책임 limited liability 만을 지기 때문에 자신의 지분가치 이상으로는 손해를 볼 일도 없다.

이처럼 기업가치를 대하는 서로 다른 입장은 주주와 채권자 사이에 생기는 갈등의 중요한 원인이 된다. 기업가치가 클수록 유리한 주주들의 경우에는 원하는 기업가치에 상한이 없다. 그러므로 리스크가 매우 큰 프로젝트라 하더라도 기대수익이 높으면 이를 감행하고자 할 것이다. 그러나 채권자들은 주주들과 달리 높은 위험을 감수하면서까지 기업가치를 높이고자 하는 투자를 원치 않는다. 이렇게 위험을 감수할 인센티브가 주주와 채권자 간에 다르게 작동하면서 주주와 채권자 사이에 갈등과 다툼이 생긴다.

주주와 채권자 사이의 갈등은 큰 비용을 수반한다. 여러 가지 비용이 있지만 가장 대표적인 것 두 가지는 다음과 같다. 앞에서 NPV에 대해 이야기했던 것을 기억할 것이다. NPV는 순현가를 뜻하며, 대리인인 경영자가 포지티브-NPV 프로젝트를 하지 않으면 이는 배임에 해당한다. 포지티브-NPV 프로젝트를 실행함으로써 벌어들인 수익을 주주들에게 분배할 수 있는데도 그 프로젝트를 포기하는 것은, 주주들에게서 그들이 마땅히 받아야 할 이득을 빼앗아가는 것과 같기 때문이다. 마찬가지로 우리는 네거티브-NPV 프로젝트는 주가를 떨어뜨리는 것이므로 실행해서는 안 되는 것으로 배웠다. 그러나 세상은 요지경이다. 어떤 특정한 상황에서 주주와 채권자의 갈등이 심화되면, 주주들은 오히려 포지티브-NPV 프로젝트를 포기하고 네거티브-NPV 프로젝트를 수행하기를 원한다. 그것이 기업가치를 막대하게 훼손할 것임을 알면서도 그렇게 한다.

주주와 채권자의 갈등으로 인한 첫 번째 비용은 주주들이 네거티브-NPV 프로젝트를 수행하고자 함으로써 발생한다. 누가 봐도 회사의 가치를 떨어뜨리는, 절대 하지 말아야 할 프로젝트를 주주들이 원해서 감행하는 것인데 이것은 과잉투자overinvestment다. 하지 말아야 할 프로젝트에 투자하는 것이라서 그렇게 불린다.

두 번째 비용은 이들의 갈등으로 말미암아 주주들이 포지티브-NPV 프로젝트를 포기하는 것을 선호할 때 생겨난다. 포지티브-NPV인 만큼 주가가 오를 텐데 주주들이 이런 프로젝트를 반대하는 이유는 도대체 무엇일까? 이처럼 주가를 올릴 수 있는 프로젝트인데도 주주들이 투자를 거부할 때, 이는 과소투자underinvestment 문제를 낳는다. 마땅히 해야 할 투자인데 하지 않으니 과소투자가 되는 것이다. 기업가치에 해악을 끼치는 의사결정을 주주들이 자발적으로 선호하는 경우라니, 잘 이해가 되지 않을 것이다. 왜 주주들은 이런 의사결정을 내리는 것일까? 과잉투자와 과소투자 모두 회사가 갖고 있는 부채의 수준이 높아 발생한다. 앞으로 살펴보겠지만 부채의 수준이 높으면 주주들은 자신들의 이익을 위해 채권자들을 착취exploit할 수 있게 된다. 과잉투자와 과소투자는 이 착취의 과정에서 나온다. 그러니 이러한 갈등을 채무로 인한 도덕적 해이moral hazard라는 뜻에서 '채무발 해이債務發解弛'라고 부르자. 이제 채무발 해이에 의한 과잉투자와 과소투자 문제를 좀 더 자세히 살펴보기로 하자.

채무발 과잉투자 해이

빚이 100만 달러인 회사가 있다. 이 회사가 아무것도 하지 않고 가만히 있으면 연말이 되었을 때 기업가치는 90만 달러가 된다고 하자. 빚이 100만 달러인데 기업가치가 90만 달러라면 부도가 날 것이다. 한마디로 가만히 있으면 망하는 회사다.

그런데 좋은 프로젝트 기회가 찾아왔다. 게다가 투자 원금이 0원인 공짜 프로젝트다. 다만 성공할 가능성이 겨우 50%다. 만약 프로젝트가 성공하면 기업가치는 130만 달러로 늘어나고, 실패하면 30만 달러로 떨어진다. 당신이 주주라면 이런 상황에서 주어진 성공 가능성이 낮은 공짜 프로젝트에 찬성하고 싶을까, 아니면 반대하고 싶을까?

이 프로젝트는 네거티브-NPV를 갖는다. 성공하면 기업가치가 40만(=130만-90만) 달러만큼 늘어나지만, 실패하면 60만(=30만-90만) 달러만큼 손해를 보기 때문이다(기대가치는 -10만 달러). 이를 어떤 적당한 비율로 할인하더라도 이 프로젝트가 네거티브-NPV인 것은 분명하다. 다시 말해 이런 프로젝트는 하지 말아야 한다는 뜻이다. 그럼에도 불구하고 오히려 주주들 자신이 이 프로젝트를 시행하기를 원한다. 어째서 이런 일이 벌어지는 것일까?

다음의 표를 한번 보자. 가능성은 낮지만 만약 프로젝트가 성공한다면 100만 달러의 빚을 갚을 수 있으므로 부도를 피할 수 있다. 게다가 기업가치가 130만 달러가 되어 채

	아무것도 안 할 때	프로젝트 실행		
		성공	실패	기대값
기업가치	90	130	30	80
채권자	90	100	30	65
주주	0	30	0	15

(단위: 만 달러)

채무발 과잉투자 해이: 부채가 클 때

권자에게 100만 달러를 갚고도 주주들이 30만 달러를 챙길 수 있다. 반면 프로젝트에 실패하면 기업가치는 30만 달러가 된다. 이 경우 30만 달러 모두 채권자들이 가져가므로 주주들은 아무것도 챙길 수 없다. 따라서 프로젝트의 성공 가능성이 50%임을 감안하면 주주들이 가져갈 수 있는 금액의 기대값은 15만 달러가 된다.

그러나 이 프로젝트를 하지 않을 경우 기업가치 90만 달러는 그대로 모두 채권자한테 돌아가고 주주들한테는 아무것도 남지 않는다. 주주 입장에서는 아무것도 하지 않으면 자신에게 돌아오는 것은 0달러이지만 프로젝트를 해서 50%의 운이 따르면 30만 달러를 벌게 되는 것이다. 어차피 실패해도 0달러이고 아무것도 안 해도 0달러이니 지푸라기라도 잡는 심정으로 이런 네거티브-NPV 프로젝트를 원하게 되는 것이다. 실패한다고 해서 더 손해볼 것도 없는 반면, 성공한다면 부도를 피하고 30만 달러를 받을 수 있는 가능성이 50%나 있으니 당연하지 않겠는가.

이런 네거티브-NPV 프로젝트를 굳이 주주들이 하겠다고 나서는 이유는 기업가치 하락으로 인한 손해를 오롯이 채권자들에게 떠넘길 수 있기 때문이다. 채권자 입장에서는 회사가 아무것도 안 하고 가만히 있으면 채무액의 일부를 손해 보기는 하지만 90만 달러를 가져갈 수 있다. 그러나 프로젝트를 할 경우에는 이야기가 달라진다. 프로젝트가 성공하면 100만 달러를 모두 가져갈 수 있어 좋지만, 실패하면 겨우 30만 달러밖에 가져갈 수 없게 된다. 프로젝트를 할 경우 챙길 수 있는 금액의 기대값이 65만 달러에 불과한 것이다. 이는 프로젝트를 하지 않을 경우 챙길 수 있는 금액인 90만 달러에 비해 무려 25만 달러나 적은 액수다. 결국 프로젝트를 하면 그만큼 채권자들이 손해를 보게 되는 것이다.

이 기막힌 상황은 회사가 무려 100만 달러의 과다 채무

	아무것도 안 할 때	프로젝트 실행		
		성공	실패	기대값
기업가치	90	130	30	80
채권자	10	10	10	10
주주	80	120	20	70

(단위: 만 달러)

채무발 과잉투자 해이: 부채가 작을 때

를 지고 있기 때문에 일어난다. 빚이 너무 많을 경우 회사 가치의 대부분을 채권자들이 차지할 가능성이 높은 상황에서 주주들이 조금이나마 자신들의 몫을 챙기기 위해 큰 위험을 감수하려 하다 보니 이런 일이 발생하게 되는 것이다.

과다 채무의 역할을 점검하기 위해 이번에는 똑같은 상황인데 다만 이 회사의 빚이 100만 달러가 아니라 그보다 훨씬 적은 10만 달러에 불과하다고 가정해보자. 이 경우 상황이 어떻게 달라질까?

위의 표에 상황을 정리해보았다. 아무것도 안 하면 기업가치는 90만 달러이지만 빚이 10만 달러에 불과하므로 주주들은 80만 달러를 가져갈 수 있다. 만약 프로젝트가 성공한다면 기업가치는 130만 달러가 되어 빚을 갚고 남은 120만 달러는 모두 주주들의 몫이 될 것이다. 실패한다면 기업가치는 30만 달러가 되지만 그중 10만 달러를 채권자에게 갚고 난 후 주주에게는 20만 달러가 돌아갈 것이다. 부채가 적은 탓에 설령 프로젝트가 실패하더라도 주주들이 20만 달러를 챙길 수 있는 것이다. 주주들이 챙기는 액수의 기대값은 70만 달러다. 이런 경우 주주들은 이 프로젝트를 하려고 하지 않는다. 아무것도 안 하면 그보다 많은 80만 달러를 챙길 수 있기 때문이다. 이 같은 결과는 회사가 안고 있는 빚이 많지 않아 채권자들을 착취해 얻을 수 있는 이득이 그리 크지 않기 때문에 생긴다(프로젝트를 하든 말든, 또 프로젝트가 성공하건 실패하건 채권자들은 어느 경우에나 빌려준 돈 10만 달러를 온전히 챙길 수 있다). 이처럼 기업에 빚이 많으면 우리가 생각지 못했던 많은 문제들이 발생한다. 채무발 과잉투자 해이는 그런 여러 가지 중요한 문제들 중 하나다.

높은 부채의 또 다른 중요한 비용은 부채가 주주들의 지분을 더 위험하게 만들 수 있다는 점이다. 예를 들어 당신이 가지고 있는 돈 2억 원에 은행에서 빌린 돈 2억 원을 더해 4억 원짜리 집을 매수했다고 해보자. 만약 집값이 하락해 이 집의 가치가 3억 원으로 떨어진다면 어떤 일이 생길까? 당신은 당신의 돈을 챙기기 이전에 채무를 우선적으로 갚아야 한다. 집값 3억 원에서 빌린 돈 2억 원을 갚고 나면 1억 원밖에 남지 않는다. 당신이 1억 원을 손해 보는 것이다. 만약 집값이 2억 원으로 떨어지면 당신은 2억 원 모두를 잃게 된다. 이 간단한 예의 교훈을 정리하면 이렇다. 주주들의 지분가치는 단순히 부채가 늘었다는 이유만으로도 훨씬 더 위험해질 수 있다. 얼마나 부도 위험이 큰 부채인지에 상관없이 부채가 늘었다는 사실 자체만으로 말이다.

채무발 과소투자 해이

이번에는 반대로 빚이 많은 탓에 마땅히 해야 할 프로젝트를 하지 않는 경우를 살펴보자. 앞에서와 같이 100만 달러의 빚이 있는 기업을 예로 들어보자. 아무것도 하지 않으면 기업가치는 90만 달러가 되고, 결국 부도를 맞게 되는 것도 앞의 예에서와 같다. 이 상황에서 어떤 프로젝트 기회가 찾아왔다. 이번 프로젝트는 공짜가 아니다. 10만 달러를 내야 한다. 대신 프로젝트 성공 확률은 100%다. 성공할 경

	아무것도 안 할 때	프로젝트 실행
기업가치	90	90
현금(프로젝트)		15
기업가치	90	105
채권자	90	100
프로젝트 투자비용		10
주주		-5

(단위: 만 달러)

채무발 과소투자 해이: 부채가 클 때

우 기업가치는 15만 달러만큼 늘어난다. 10만 달러를 투자해 15만 달러를 얻게 되는, 게다가 실패할 가능성이 전혀 없는 프로젝트이니 이것은 당연히 포지티브-NPV 프로젝트다. 그런데 주주인 당신은 이 프로젝트를 하지 말자며 반대한다. 왜 그러는 걸까?

다음의 표를 보자. 회사가 아무것도 하지 않고 있으면 회사 가치는 90만 달러가 된다. 채권자가 90만 달러를 모두 가져가고 나면 주주에게 남는 것은 없다. 반면 프로젝트를 하면 (당연히 성공할 것이므로) 기업가치는 90만 달러에 15만 달러를 더해 105만 달러가 된다. 부채 100만 달러를 갚고 나면 주주에게 남는 것은 5만 달러다. 그런데 이 프로

	아무것도 안 할 때	프로젝트 실행
기업가치	90	90
현금(프로젝트)		15
기업가치	90	105
채권자	10	10
프로젝트 투자비용		10
주주	80	85

(단위: 만 달러)

채무발 과소투자 해이: 부채가 작을 때

젝트를 위해 10만 달러를 투자했던 것을 기억해보라. 결
국 주주는 10만 달러를 투자해 5만 달러만 버는 셈이다. 반
면 채권자들은 프로젝트가 성공하면 90만 달러가 아니라
100만 달러 모두를 변제받게 된다. 결국 프로젝트를 통해
채권자들에게만 좋은 일이 되고, 주주들은 손해 보는 장사
를 하는 셈이 된다. 이러니 아무리 포지티브-NPV 프로젝
트라고 해도 주주들은 이 프로젝트를 반기지 않는다. 이렇
게 과다 채무로 인해 발생하는 과소투자 문제를 채무발 과
소투자 해이debt overhang라고 부를 수 있다.

이제 위와 똑같은 조건인데 채무액만 100만 달러에서
10만 달러로 줄었을 때 어떻게 되는지를 위의 표를 통해

살펴보자. 회사가 아무것도 하지 않으면 기업가치는 90만 달러이니 채권자에게 10만 달러를 갚고 나면 주주에게 돌아가는 몫은 80만 달러다. 반면 프로젝트를 진행해 성공하면 15만 달러가 생기고 기업가치는 105만 달러가 된다. 여기에서 채무 10만 달러를 갚고 프로젝트 가격 10만 달러를 빼면 85만 달러가 남는다. 주주 입장에서 회사가 아무것도 하지 않았을 때는 80만 달러를 받지만 프로젝트를 하면 5만 달러가 더 많은 85만 달러를 받게 되는 것이다. 따라서 이런 경우 주주들은 당연히 프로젝트 진행에 적극적으로 찬성한다.

이렇게 회사에 부채가 없거나 그 비율이 낮으면 과소투자 문제가 생기지 않는다. 반면 회사에 부채가 많으면 과소투자 문제가 커진다. 과다 채무로 인한 대리인 문제는 주주와 채권자 간에 생기는 대표적인 갈등이며 매우 중요한 문제다.

과소투자 문제는 다양한 경로로 나타날 수 있다. 예를 들어 당신이 한 회사의 대주주라고 해보자. 그런데 이 회사가 파산 직전에 처해 있고, 이 사실을 당신만 알고 있다고 치자. 당신은 어떻게 하겠는가? 회사가 파산하기 전, 회사 자산을 싼 값에라도 팔아 배당으로라도 받고 싶어 할 것이다. 가능하면 회사가 파산할 거라는 소문이 나기 전에 빨리 해치우는 것이 좋다. 망할 회사인데 그대로 두면 채권자들 몫이 될 테니 그들이 모르고 있는 사이에 한 푼이라도 더 배당을 챙기는 것이 당신에게 유리하다. 이런 경우 당신은 당신 몫의 배당금을 받고 나가면^{cashing out} 그만이겠지만 회사는 그로 인해 자금이 부족해져 투자를 더 많이 줄여야만 할 수도 있다. 과소투자는 이런 이유로도 생길 수 있다.

채무발 해이의 비용은 누가 지불하나

앞서 살펴본 과다 부채로 인한 과대·과소투자 문제는 모두 주주들이 채권자들의 부를 빼돌리기 위해 자신들에게 유리한 결정을 함으로써 비롯되는 이슈들이다. 과다 채무가 주주들로 하여금 채권자들을 착취해 자신들의 부를 늘릴 수 있는 기회를 제공하는 셈이다. 따라서 주주들은 다른 조건이 동일하다면 부채가 많은 것을 선호한다. 이를 '부채 래칫효과^{ratchet effect}'라고 부른다. 'ratchet'은 한쪽 방향으로만 회전하는 톱니바퀴를 뜻한다. 여기서는 부채가 많아지는 방향으로만 의사결정을 하려는 성향을 나타낸다. 주주들은 부채가 적으면 그 양을 늘리려 하지만, 너무 많을 경우라도 부채를 줄이려 하지는 않는다.

주주들이 이처럼 채권자들을 착취해 자신들의 잇속을 차릴 수 있다면 채권자들은 어떻게 해야 할까? 그저 속절없이 당하고 있을 수밖에 없을까? 채권자들은 바보가 아니다. 주주들이 채권자인 자신들을 이용해 스스로에게 유리한 의사결정을 할 것이라는 사실을 잘 알고 있다. 주주들의 이 같은 성향을 알고 있는 채권자들은 처음부터 아예 많은 양의 부채를 내어주려 하지 않는다. 과다 채무가 결국 자신들이 지불해야 하는 비용이 될 거라는 것을 알기 때문이다. 부채로 자금을 조달할 기회가 줄어든다면 결국 과다 채무로 인한 비용은 궁극적으로 주주들이 지불하는 셈이 된다. 자금이 부족해 좋은 프로젝트에 투자할 기회가 제한될 가능성이 커지는 등, 부족한 채무는 주주들에게 적지 않은 기회손실을 발생시킬 것이기 때문이다. 따라서 채권자뿐만 아니라 주주들에게도 채무발 해이와 같은 문제를 줄이는 것은 아주 중요한 문제가 된다.

이럴 때 기업이 보유한 충분한 현금은 주주와 채권자 사이의 갈등에서 비롯되는 과소투자나 과대투자 등의 문제를 줄일 수 있는 하나의 해법이 될 수 있다.[41] 이미 여러 차례 강조했지만 채권자 입장에서는 회사가 위험 요소가 큰 프로젝트에 뛰어드는 것을 달가워하지 않는다. 하지만 회사가 현금을 다량 보유하고 있다면 이야기는 다를 수 있다. 다량의 보유 현금이 위험성이 높은 프로젝트에 대한 담보처럼 쓰일 수 있기 때문이다. 최악의 상황에서라면 채권자는 회사가 보유하고 있는 현금으로 빚을 돌려받으면 된다. 그래서 이런 경우에는 위험 요소가 큰 프로젝트라 하더라도 채권자 역시 이에 투자하는 것을 반대하지 않게 된다. 주주와 채권자 사이에 첨예하게 대립할 수 있는 문제이지만 기업이 갖고 있는 많은 현금이 완충장치buffer 역할을 하기 때문이다.

지금까지 주주와 채권자 사이의 대리인 문제를 살펴보면서 그로 인해 발생하는 비용들을 알아봤다. 대리인 문제로 발생하는 비용은 당연히 기업가치를 떨어뜨린다. 해야할 프로젝트를 하지 않았을 때, 그리고 하지 말아야 할 프로젝트를 감행했을 때 발생하는 기회손실은 많은 경우 중요하고도 큰 비용이 된다.

회사 금고 밑에는
터널이 있다

고마운 대주주, 공짜로 먹는 소액주주?

대주주(지배주주)는 회사 주식을 대량으로 보유하고 있어 주주총회 등을 통해 중요한 의사결정을 할 때 큰 영향을 끼칠 수 있는 주주다. 그래서인지는 모르겠지만 우리는 대주주라고 하면 흔히 전횡을 일삼는 부정적인 이미지를 우선적으로 떠올리곤 한다. 하지만 대주주의 존재가 반드시 나쁜 것만은 아니다. 가끔은 소액주주들에게조차 대주주가 있는 편이 더 유리하다. 대리인 문제와 관련해서는 특히 그럴 수 있다.

소액주주들은 설령 경영자가 잘못을 했다고 해도 직접적으로 질책하거나 압력을 가하기 힘들다. 더 정확히 말하자면 일반주주들이 과연 그렇게까지 할 의지가 있을지조차 의문이다. 경영자가 잘못하는 경우 소액주주들에게는 경영자와 싸우는 것보다 그냥 주식을 팔고 나가는 것이 더 쉬운 방법일 것이기 때문이다.

하지만 대주주의 경우 소액주주처럼 간단히 주식을 팔고 나갈 수가 없다. 일단 보유하고 있는 주식이 대량이기 때문에 이것을 모두 매도하는 것 자체가 소량의 주식을 매도하는 것보다 훨씬 어렵다. 거래비용이 많이 들 것이라는 말이다. 또한 대주주는 자신이 갖고 있는 부의 많은 부분이 직접적으로 기업가치와 연결되는 경우가 많다. 다른 소액주주들처럼 여기저기에 분산투자를 한 것이 아니라 한 기업에 집중적으로 투자해 대주주가 된 경우에는 더욱 그렇다. 따라서 대주주는, 만약 다른 주주들의 도움이 없다면 혼자서라도 경영자를 상대로 모니터링도 하고, 감시도 하고, 질책도 하고, 압박도 할 의사가 있다. 회사의 운명이 자신의 이해관계와 일치한다면 누구라도 그렇게 할 수밖에 없지 않겠는가. 그리고 경영자는 대주주의 이런 행동과 요구를 소액주주의 요구보다 훨씬 더 무겁게 받아들일 수밖에 없다.

만약 대주주의 감시를 통해 대리인 비용이 줄어 주가가 오른다면 대주주뿐만 아니라 소액주주까지 모두가 행복해진다. 중요한 것은 소액주주들은 대주주의 감시로 인한 결과만을 공동으로 향유할 뿐, 실제로는 아무 비용도 지불하지 않는다는 것이다. 다시 말해 아무런 대가를 지불하지 않고도 대주주의 희생을 통해 얻은 주가 상승에 공짜로 올라탄 것이나 다름없다. 이를 무임승차 문제free-rider problem라고 한다.

이는 자신의 이익을 좇는 대주주의 행위가 결국 다른 주주들에게까지 이득을 주는 하나의 예다. 따라서 이런 경우 대주주의 존재를 부정적으로 볼 이유는 전혀 없다. 물론 대주주들이 전횡을 일삼아 소액주주들에게 손해를 끼치는 문제가 없지는 않다. 이 문제는 뒤에서 다시 깊이 있게 다루도록 하겠다. 지배주주의 존재가치는 무조건 부정적이거나 무조건 긍정적인 것 사이의 어디쯤에 있을 것이다.

전 세계 22개 국가의 약 800개 회사를 분석한 한 실증연구는 대주주가 있는 편이 없는 편보다 기업가치에 도움이 된다는 사실을 찾아냈다.[42] 대주주들은 특히 독립적인 이사를 임명함으로써 경영자를 적절히 모니터링할 수 있도록 제어하고 있었다. 그 결과 정보불균형이 줄었고 대리인 비용 또한 따라 줄어 기업가치가 올랐다. 이 같은 효과는 특히 투자자를 보호하는 법체계가 미비한 국가들에서 더욱 두드러졌다. 미약한 법체계를 대주주가 독립적인 이사를 고용함으로써 보완할 수 있었던 것이다.

터널링과 기업지배구조

대주주의 존재가 대리인 문제 해결에 항상 긍정적 효과만 주는 것은 물론 아니다. 지배주주가 자신의 지배력을 이용해 기업의 자원을 자신들의 이익을 위해 전용하거나 도용, 이전함으로써 일반주주들에게 손해를 끼치는 일들 또한 적지 않게 일어난다.

'터널링tunneling'은 이렇게 대주주 또는 지배주주가 자신의 사적 이익을 위해 다른 주주들에게 손해를 입히는 데에서 발생하는 문제점들을 포괄적으로 지칭하는 용어다. 터널링의 문제는 특히 한국에서 아주 중요하다. 한국의 지배주주들이 대개 재벌 체제와 연결되어 있다 보니 기업지배구조와 관련해 매우 첨예한 주제이기 때문이다.

터널링은 회사 금고 밑에 터널을 뚫어 회사 재산을 빼돌린다는 뜻으로, 실제로 체코슬로바키아에서 지하에 터널을 뚫어 회사의 금고를 털어간 사건에서 유래된 용어다. 이 용어가 학술적으로 처음 사용된 것은 하버드대학교의 슐라이퍼 교수와 그의 동료들이 2000년에 발표한 「터널링 Tunneling」이라는 제목의 논문에서다.

한국에서 터널링 사례는 수도없이 많지만 가장 유명한 사례는 아마도 삼성에버랜드 전환사채 저가 발행 사건일 것이다. 이 사건으로 당시 삼성에버랜드 전·현직 사장들이 배임 혐의로 기소되어 2심까지 유죄 판결이 나기도 했다. 이후 삼성 특검이 꾸려져 이건희 회장 등도 동일한 혐의로 기소되었으나 최종적으로는 모두 무죄가 선고되었다. 삼성에버랜드 전환사채 저가 발행 사건에 대해 간략히 살펴보기로 하자.

전환사채 저가 발행 사례

전환사채는 보유한 채권을 주식으로 전환할 수 있는 선택권(옵션)이 결합되어 있는 회사채를 말한다. 채권을 사면 채권자가 되지만 전환사채를 산 후 전환권을 행사하면(즉 주식으로 바꾸면) 주주가 된다.

1996년 10월 30일, 삼성에버랜드 이사회는 당시 장외에서 주당 8만 5000원 정도에 거래되고 있던 삼성에버랜드 주식을 전환가격인 7700원에 매입할 수 있는 전환사채 125만 4000여 주(96억 원)를 발행키로 결의했다. 이는 발행된 모든 전환사채가 주식으로 전환될 경우 신규 발행될 주식수가 삼성에버랜드 전체 주식의 63%에 해당할 만큼 큰 물량이다.

같은 해 12월 3일, 이건희 회장 등 개인 주주와 삼성전자, 제일모직, 중앙일보, 삼성물산 등 법인 주주들은 자신들에게 배정된 전환사채 매수권을 포기했다. 그리고 바로 그날, 삼성에버랜드 이사회는 이로 인해 발생한 실권 전환사채 125만 4000주를 당시 전무였던 이재용 남매에게 모두 배정했다. 이후 이재용 전무는 삼성에버랜드 전환사채를 주식으로 교환해(전환권 행사) 삼성에버랜드의 최대 주주로 등극했다. 그리고 1998년, 삼성에버랜드는 삼성 계열사의 지분을 다량 보유하고 있는 비상장사인 삼성생명의 주식을 대량 매입해 사실상 삼성그룹의 지주회사가 되었다. 이것이 삼성에버랜드 전환사채 저가 발행 사건의 간략한 줄거리다.

전환사채를 보유한 채권자가 전환권을 행사할 때, 다시 말해 갖고 있는 전환사채를 미리 정한 가격이나 전환 비율에 따라 주식으로 바꿔줄 것을 요구할 때 이에 응하기 위해 해당 회사는 주식을 새로 찍어내 신주를 발행해야 한다. 사채와 교환될 만큼의 주식이 있어야 하기 때문이다.

여기서 새로 발행된 주식을 누가 얼마만큼 보유하게 되는가의 문제가 생긴다. 한 회사의 전체 주식이 100주라고 가정해보자. 그리고 이 100주를 열 명의 주주가 10주씩 나눠가지고 있다고 치자. 이 회사에서 100주의 주식을 새로 발행하면 총 주식은 200주가 된다. 이 200주 중 새로 발행한 100주를 열 명의 주주 가운데 한 명에게 몰아주면 그 사람은 110주를 갖게 되고, 나머지 아홉 명은 원래대로 10주씩 갖게 된다.

이처럼 신주배정이 한 곳으로 쏠리면 지배주주가 탄생한다. 위의 예에서 신주를 받아 대주주가 된 주주의 지분율은 10%에서 55%로 대폭 늘어난다. 반면 신주발행 이전에 지분율 10%였던 나머지 아홉 명의 지분율은 5%(200주 중 10주)로 반으로 줄어든다. 이처럼 신주를 발행하는 경우, 신주를 배정받지 못한 주주의 지분은 줄어든다.

이같은 지분 희석을 막기 위해서는 전환사채를 발행할 때 기존 주주들에게 우선적으로 주식을 매입할 권리를 부여한다(이를 '주주배정'이라고 한다). 예를 들어 열 명의 주주가 10주씩의 주식을 가지고 있는 상황에서 새롭게 100주를 발행했다면, 그 열 명의 주주에게 똑같이 신주를 10주씩 배정하는 것이다. 이렇게 하면 회사 주식이 200주로 늘어나도 열 명의 주주는 이제 20주씩을 보유하게 되어 지분율은 여전히 10%를 유지할 수 있게 된다.

상법상 전환사채를 발행할 때는 이렇게 기존 주주들이 지분대로 배정받을 수 있도록 하고 있다. 그러나 이 사건의 경우에는 기존 주주들 중 이건희 회장과 삼성전자, 제일모직, 중앙일보 등 대주주들이 자기 몫의 전환사채를 받지 않겠다고 했다. 그 이유가 석연치 않았다. 대충 계산하더라도 8만 5000원짜리 주식을 7700원에 살 수 있는 권리를 포기한다는 것이 상식적으로 이해하기 어렵기 때문이다. 유야무야 넘어갈 수도 있었던 삼성에버랜드 전환사채 저가 발행 사건이 수면 위로 떠오른 것은 법대 교수 40명이 자본시장을 우습게 여긴 이 사건의 재수사를 요구하는 성명을 내면서부터였다.

또 하나의 유명한 사건은 삼성SDS 신주인수권부사채 저가 발행 사례다. 신주인수권부사채는 신주인수권, 즉 새로 발행되는 주식을 인수할 권리가 부여되어 있는 채권이다. 전환사채는 전환권을 행사하면 채권이 주식으로 '전환'되면서 기존의 채권은 사라지지만, 신주인수권부사채는 신주인수권을 행사해 추가로 신주를 더 사더라도 채권은 말소되지 않는다는 점이 다르다. 다시 말해 추가로 주식을 인수하는 것이지 주식으로 전환하는 것이 아니다.

삼성SDS는 1999년 2월 26일, 신주인수권부사채를 230억 원어치 발행해 전량 SK증권에 팔았다. 삼성SDS 주식 321만 6780주를 주당 7150원에 매입할 수 있는 규모다. SK증권은 바로 다음 날 당시 이재용 삼성전자 전무와 이부진, 이서현, 이윤형 4남매와 이학수 삼성전자 고문, 김인주 삼성전자 상담역에게 10% 할증된 가격에 이를 다시 매각했다. 당시 비상장사였던 삼성SDS 주식이 장외 시장에서 거래되던 가격이 5~6만 원대여서 행사 가격 7150원은 지나치게 헐값이었다는 논란이 제기되었다. 변칙 증여를 의심하는 목소리가 나온 것이다.

신주인수권부사채를 매입한 이들은 신주인수권을 행사해 삼성SDS 주식의 32.9%를 보유하게 되었고, 그중 특히 이재용 전무의 지분은 10.1%로 크게 증가했다. 참여연대는 삼성SDS가 신주인수권부사채를 저가에 발행해 이재용 전무 남매가 대주주가 되어 차익을 올린 반면, 회사는 손해를 입었다며 그해 11월 검찰에 삼성SDS 경영진을 고소했다. 검찰이 번번이 수사를 지연하거나 거부하던 와중에 2008년 특검이 출범하면서 본격적인 수사가 시작되었다. 특검은 신주인수권부사채의 정상가를 5만 5000원으로 산정해 이건희 회장 등을 삼성SDS에 1593억 원[=321만 6780주×(5만 5000원 – 7150원)]의 손해를 입힌 혐의로 불구속 기소했다.

배기홍, 강준구, 김진모 교수는 2002년에 권위 있는 국제 학술지 《저널 오브 파이낸스》에 「터널링이냐, 가치 창조냐? 한국 재벌 그룹 합병 사례로부터의 증거」라는 제목의 논문을 발표했다.[43] 한국 재벌 그룹의 합병이 터널링에 의해 어떻게 이용되고 있는지에 대한 연구 논문이다.

한국 재벌 그룹의 한 계열사가 어떤 회사를 인수합병하려고 한다. 인수합병을 하겠다는 이야기가 나오면 인수 회사의 주가가 떨어지는 것이 일반적이다. 많은 돈이 투자되어야 하기 때문이다. 따라서 인수합병으로 주가가 떨어지면 인수 회사의 주식을 들고 있는 소액주주들은 손해를 입게 된다. 하지만 주가가 떨어져도 인수 회사의 대주주들은 손해를 입지 않을 수 있다. 인수 회사의 주가가 떨어져 손해를 보더라도 자신들이 지분을 갖고 있는 다른 계열사들의 주가가 인수합병으로 인해 크게 증가하는 경우라면 말이다.

이렇게 재벌 또는 대주주들이 자신들이 갖고 있는 영향력을 이용해 재벌 내 계열사들 간의 위험을 분산시키면, 다양한 계열사에 다량의 주식을 보유하고 있는 자신들의 전체적인 지분 가치 역시 보호할 수 있다. 예를 들어 대주주가 같은 재벌 그룹 내 A, B, C, D 계열사들의 주식을 가지고 있다고 가정해보자. A계열사 주가가 인수합병으로 떨어진다고 하더라도 나머지 B, C, D 계열사의 주가가 오른다면 A주가의 하락으로 인한 손실을 다른 계열사 주식들의 주가 상승으로 충분히 상쇄하고도 남을 것이다. 결국 인수합병으로 손해를 보는 것은 A계열사의 소액주주들이며, 따라서 이것은 터널링의 예가 된다.

선량한 관리자로서의 의무와 경영판단의 원칙

위의 터널링 사례들에서 우리는 이사회의 역할에 대한 심각한 의문을 가질 수밖에 없다. 이사회가 내리는 결정은 무엇이든 회사와 주주를 위한 최선의 결정이어야 한다. 이를 이사회의 선량한 관리자로서의 의무, 또는 선관의무^{Fiduciary duty}라고 부른다. 그러나 한국에선 가끔 '회사'를 위한 결정과 '주주'를 위한 결정이 분리된다. 여기에는 위에서 소개한 삼성에버랜드 전환사채 발행과 관련한 2009년 대법원 판결이 자주 인용된다. 그 판결문에는 "이사가 주식회사의 지배권을 기존 주주의 의사에 반하여 제3자에게 이전하는 것은 '기존 주주의 이익을 침해하는 행위일 뿐 지배권의 객체인 주식회사의 이익을 침해하는 것으로 볼 수는 없는데,' 주식회사의 이사는 주식회사의 사무를 처리하는 자의 지위에 있다고 할 수 있지만 '주식회사와 별개인 주주들에 대한 관계에서' 직접 그들의 사무를 처리하는 자의 지위에 있는 것은 아니고…"라고 명시되어 있다(작은따옴표는 저자에 의한 것임). 주주의 이익을 침해하는 것은 회사의 이익을 침해하는 것이 아니며, 주주는 주식회사와 별개라는 표현은 주주들에게 손해가 가더라도 회사에 손해를 주는 것이 아니면 이사회가 선관의무를 저버린 것이 아니므로 문제가 없다는 얘기다. 주주우선주의 입장에서는 주주의 이익과 주식회사의 이익이 분리된다는 것을 이해하기 힘들 것이다. 그러나 한국의 상법은 선관의무의 대상을 주주가 아닌 '회사'로 명시하고 있다. 이를 '주주와 회사를 위해'라고 명시하도록 법을 개정해야 한다는 목소리가 높다. 주주에게 손해를 끼친 결정이 이사회를 통과할 경우 이사회에 책임을 물을 수 있도록 하기 위해서는 꼭 필요한 일이다.

사실 이사회의 의사결정이 회사를 위한 것이었는지의 여부를 법원이 판단하는 것 자체도 무척 어려운 일이다. 더구나 판단이 잘못되는 일이 잦으면, 이사회 멤버들이 혹시 나중에 법원에 의해 잘못된 결정이라고 판단이 내려질 가능성이 조금이라도 있는 애매한 결정은 아예 회피하려 할 수도 있다. 이같은 부작용을 막기 위해 이사회의 의사결정은 '경영판단의 원칙Business Judgment Rule'에 의해 보호된다. 이 원칙은 이사가 그 권한의 범위 내에서 최선을 다해 신중하고 합리적인 판단을 내렸다고 생각된다면, 설령 그 결정으로 인해 나중에 회사가 손해를 보는 일이 생기더라도 이사를 상대로 법적인 책임을 묻지 않는다는 원칙이다. 이 원칙은 미국에서 현재까지 경영자들에게 가장 큰 영향을 끼친 판결로 인용되는 1919년 미시간주 대법원 판결 이후 공고해졌다. 이 판결문에는 "판사들은 경영 전문가가 아니다"라는 유명한 문구가 들어 있다. 경영 환경이 갈수록 복잡해지고 난해해지는 현실 속에서 수많은 의사결정 하나하나를 법원이 판단하는 것은 불가능하다는 것을 인정한 것이다.

이사회가 자신의 의무를 충실히 하지 않았음이 판단되는 경우라면 당연히 그에 합당한 법적인 처벌이 내려져야 한다. 최근 '주주대표소송제', '소수주주 다수결Majority of minority' 등의 어려운 용어들이 자주 들려오는 이유다. 이에 대한 자세한 설명은 생략하지만 이사회의 선관의무와 경영판단의 원칙만은 꼭 기억하도록 하자.

기업분할,
쪼개고 밀어주기

기업지배구조는 앞에서 살펴보았듯이 보통 기업 내부의 의사결정 시스템, 이사회의 역할과 기능, 경영자와 주주와의 관계 등을 총칭한다. 다시 말해 경영진, 소액주주, 채권자, 종업원 등 기업 이해당사자들의 역학관계를 총칭하는 말로 기업을 다스리는 구조가 어떻게 되어 있는지를 말하는 것이다.

우리나라의 경우 기업지배구조는 1990년대 말 외환위기를 겪으면서 크게 바뀌었다. 순환출자 체제로 있던 우리나라의 지배구조 대부분이 IMF 사태를 거치면서 지주회사로 바뀐 것이다. 지주회사holding company는 다른 회사의 주

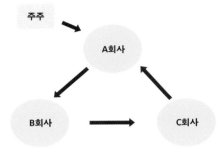

순환출자의 구조

식을 보유함으로써 그 회사를 독점적으로 지배하는 회사를 말하며, 지배하는 회사를 모회사母會社, 지배받는 회사를 자회사子會社라고 한다. 자회사 아래에 손자회사를 두어 자회사를 중간지주회사로 만드는 경우도 흔하다. 모회사는 자신이 고유한 사업을 영위할 수도 있지만 주된 사업은 자회사의 지분을 확보해 자회사의 영업을 통해 이익을 얻는 것이다. 그렇다면 자회사들의 주식을 쥐고 있는 이런 지주회사가 왜 필요할까? 그리고 이런 지주회사는 어떻게 해서 만들어졌을까?

1990년대 후반 외환위기 당시 한국 기업들의 지배구조는 위의 그림과 같았다. A는 B회사의 대주주이고, B회사는 C회사의 대주주이고, C회사는 또 A회사의 대주주였다. 따라서 A회사의 대주주는 A회사를 통해 B와 C회사까지 모두 통제하고 조정할 수 있었다. 이것을 '순환출자'라고 한다.

그런데 이 순환출자에는 문제점이 있다. A회사에 대한 지배권을 이용해 B나 C회사 모두에 부당한 영향을 끼칠 수 있기 때문이다. 가령 A회사에 문제가 있을 경우 이를 B회사에 떠넘길 수도 있고, B회사에 돌아가야 할 이익을 부당하게 A회사로 돌릴 수도 있다. 다시 말해 순환출자 사슬 내의 기업들은 독립적 경영이 어렵고, 기업 경영의 투명성이 낮다. 순환출자 시스템은 외환위기에 처하면서 그 심각성이 고스란히 드러났고, 이후 한국의 기업지배구조는 대대적인 변화를 겪는다. 바로 지주회사 제도의 도입이다. 우리나라 최초의 지주회사는 2003년에 만들어진 LG그룹이다.

다음의 그림에서처럼 A회사가 지주회사가 되면 그 밑에 B, C 등 여러 회사를 자회사로 두게 되는데, 자회사는 다른 자회사의 주식을 가질 수 없다. 그래서 자회사 간 독립적인 경영이 가능해진다. 이로써 어떤 자회사가 경영을 잘했고, 어떤 자회사가 못했는지를 투명하게 알 수 있다.

지주회사의 구조

지주회사를 지배하는 주주는 자회사 전체를 지배할 수 있다. 이는 지주회사가 흔들리면 자회사들 또한 부정적인 영향을 크게 받을 수 있다는 의미다. 그래서 법은 지주회사가 안정적인 경영을 하고 건실한 재무 구조를 가질 것을 요구한다. 지주회사는 자기 사업을 할 수 있지만 어디까지나 자회사 주식 보유가 가장 우선적인 비즈니스다. 그래서 지주회사 자산 중 절반 이상은 자회사 주식으로 이루어지도록 규정하고 있다. 또 지주회사는 자회사가 아닌 다른 회사의 주식은 가질 수 없다.

기업들이 지주회사 체제로 전환하려면 큰돈이 필요하다. 자회사들의 주식을 대량으로 사들여야 하기 때문이다.

이것은 가끔 기업을 지주회사 체제로 재편하는 데에 큰 걸림돌이 되기도 한다. 지주회사는 상장한 자회사의 경우에는 적어도 30%의 지분을, 그리고 비상장 자회사의 경우에는 적어도 50% 이상의 지분을 보유해야 한다. 이는 자회사의 자회사, 즉 손자회사에까지 적용된다. 만약 지주회사를 세우고 나서 2년 안에 이 최소 지분 요건을 충족시키지 못하면 공정거래위원회가 과징금을 부과한다.

지주회사, 자회사, 손자회사 간 지분출자는 촘촘하고 복잡하게 규제된다. 예를 들어 자회사가 지주회사의 지분을 보유하는 것은 상법상 허용되지 않는다. 자회사들끼리 상호 출자하는 것도, 두 개의 자회사가 하나의 손자회사에 공동으로 출자하는 것도 불가능하다. 지주회사, 자회사, 손자회사로 순위를 명확히 하기 위해서다.

인적분할과 물적분할

기업지배구조에 대해 이야기할 때 빼놓을 수 없는 것이 기업분할divestiture이다. 기업분할에는 인적분할과 물적분할이 있다. 기업분할의 결과로 생기는 신설 법인 주식을 원래 회사(존속법인)가 100% 보유하는 경우를 물적분할이라고 하고, 이를 존속법인 주주들이 주식의 보유 비율에 따라 배분받는 경우를 인적분할spin-off이라고 한다. 인적분할은 주로 지주회사 체제로의 전환 시 활용되며, 물적분할은 특정 사업 부문을 독립시키거나 매각하기 위해 사용된다. 특히 한국에서는 사업 부문을 자회사로 분리해 상장시킴으로써 자금을 조달하기 위한 물적분할을 실행하는 경우가 많다. 최근 배터리 부문을 물적분할한 LG화학과 SK이노베이션에 투자자들의 비난이 쏟아졌던 사례가 바로 물적분할과 자회사 상장 케이스다.

다음 그림을 통해 인적분할과 물적분할을 비교해 살펴보자. 기업분할 이전에는 주주가 기업A의 지분을 10% 가지고 있다. A를 둘로 쪼개면 B와 C라는 기업이 생겨난다. 인적분할의 경우, 분할 전 기업A의 지분을 10% 가지고 있던 주주는 분할 후 두 개로 나뉜 B와 C 각각의 지분을 똑같이 10%씩 갖게 된다. 이때 B와 C 두 기업 사이에 지분관계는 없다(따라서 남남인 회사다).

그러나 물적분할의 경우는 다르다. B와 C는 지분관계로 연결되는데 하나는 지주회사가 되고 다른 하나는 그 자회사가 되는 것이 일반적이다. 예를 들어 B가 C의 지분을

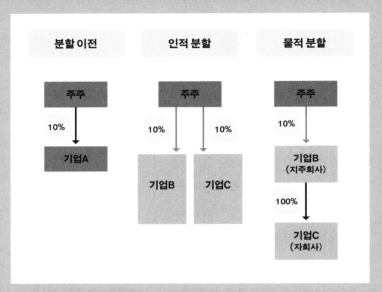

분할 이전	인적 분할	물적 분할
주주	주주	주주
10%	10% 10%	10%
기업A	기업B 기업C	기업B (지주회사)
		100%
		기업C (자회사)

기업의 인적분할과 물적분할

100% 보유하며, 주주는 B의 지분만 10%를 보유하고 C의 지분은 보유하지 않는다. 그럼에도 주주는 보유한 기업B의 지분을 이용해 기업C를 간접적으로 지배할 수 있다. 또 자회사 C의 지분 100%가 모회사 B의 소유이기 때문에 C를 매각하기도 쉽다. 이것이 인적분할과 물적분할의 차이다.

인적분할과 자사주의 결합

인적분할은 주로 지배주주의 기업 지배권을 강화하는 데에 쓰인다. 앞의 그림에서 기업A의 지분을 10% 갖고 있는 대주주가 지배권을 늘리고 싶다고 해보자. 추가 자금의 투입 없이 인적분할만으로 대주주 지분이 두세 배로 뛸 수 있다면 놀라운 일일 것이다. 다소 과장된 표현이긴 하지만 자사주를 이용한 인적분할의 '마법'이라고 불리는 과정을 통하면 그와 같은 일이 가능해진다.

다시 그림으로 돌아가보자. 인적분할의 경우 주주가 기업B와 C의 지분 10%씩을 유지하는 것은 이미 살펴본 바와 같다. 그러나 B와 C사이에는 지분관계가 없다. 따라서 기업A를 둘로 쪼개 하나를 지주회사 B로 만들고 다른 하나를 사업회사 C로 만들기 위해서는 약간의 작업이 필요하다.

또 인적분할의 마법을 위해서는 주주가 두 회사에 갖고 있는 지분을 한 회사에 몰아주는 것이 필요하다. 이를테면 주주가 갖고 있는 기업C의 지분 10%를 기업B의 주식을 사는 데에 이용하면 주주는 기업B의 지분을 대폭 늘려 영향력을 크게 키울 수 있을 것이다. 그러나 이 경우 주주는 기업C에 대한 지배권을 희생하게 된다. 이 문제는 기업B가 기업C의 지분을 갖게 함으로써 해결된다.

어떻게 하면 기업B가 C의 지분을 보유하게 할 수 있을까? 이를 위해 인적분할을 실행하기 전 기업A는 자사주를 매입한다. 예를 들어 A가 자사주 10%를 매입했다고 하자. 이는 기업A가 스스로에 대해 10%의 지분을 갖고 있다는 뜻이다. 이 상태에서 A가 지주회사인 B와 사업회사인 C로 나뉘면 B는 다른 주주들과 마찬가지로 C에 대해 기존 지분율만큼의 지분을 갖게 된다. B는 자신에 대한 권리 10%와 함께 C의 지분 10%를 갖게 되는 것이다. 기업B와 C 사이에 지분관계가 생겼으므로 B의 주주들은 이제 B를 통해 C에 영향력을 행사할 수 있다. 그리고 주주가 기업C의 지분 모두를 B를 사들이는 데에 사용하면 C의 지분이 없어지지만, 그 대신 기업B를 통해 C에 영향을 미치는 것이 가능하다. C의 지분까지 B의 주식을 사들이는 데에 썼으니 B에 대한 지분율이 크게 늘어나 지배력을 대폭 키울 수 있게 되는 것이다.

실제 사례로 한진중공업의 인적분할을 살펴보자. 한진중공업 지분 16.9%를 갖고 있는 총수 일가가 지주회사로의 전환을 통해 지배력을 강화한 사례다. 분할 전 한진중공업은 먼저 자사주 19.6%를 매입했다. 그런 다음 한진중공업을 지주회사인 한진중공업홀딩스(홀딩스)와 사업회사인 한진중공업(한진중)으로 쪼갰다. 인적분할이니 이제 총수 일가는 한진중과 홀딩스 지분을 모두 16.9%씩 갖게 된다. 또 홀딩스는 매입한 자사주로 한진중의 지분 19.6%를 보유해 한진중의 지주회사가 될 준비를 마쳤다.

그다음 단계에서 총수 일가는 자신들이 갖고 있는 한진중 지분 16.9%를 지주회사인 홀딩스에 현물 출자했다. 한진중 지분을 주고 홀딩스 지분을 받는 주식 스왑을 했다는 뜻이다(교환 비율은 한진중 1주를 홀딩스 주식 1.96주로 교환하는 것으로 알려졌다). 홀딩스는 이로 인해 생긴 자금(한진중 지분 16.9%만큼의 자금)을 모두 한진중 주식을 매입하는 데에 썼다. 이 결과 홀딩스는 기존에 갖고 있던 19.6%의 지분에 새

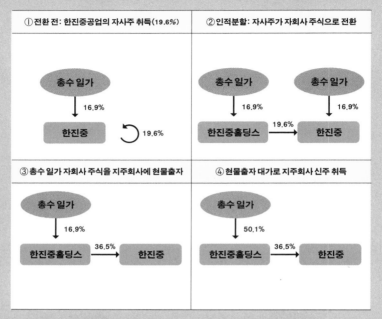

한진중공업의 지주회사 전환[44]

로 매입한 지분 16.9%를 더해 모두 36.5%의 한진중 지분을 갖게 되었다. 총수 일가는 자신들이 기존에 갖고 있던 홀딩스의 지분 16.9%에 한진중 지분 16.9%만큼의 홀딩스 지분을 추가로 확보하게 되었다. 교환 비율에 따라 한진중 지분 16.9%는 홀딩스 지분 33.2%와 같다. 이렇게 되면 총수 일가의 홀딩스 지분은 모두 50.1%(=16.9+33.2)가 된다.

총수 일가가 분할 전 갖고 있던 한진중 지분은 16.9%였다. 총수 일가는 인적분할을 통해 추가 자금을 한 푼도 더 투입하지 않고도 홀딩스의 지분을 무려 50.1%까지, 즉 세 배 가까이 늘렸다. 그리고 늘어난 홀딩스 지분을 이용해 한진중 지배력도 늘렸다. 한진중 지분 36.5%를 홀딩스가 보유하고, 홀딩스 지분 50.1%를 총수 일가가 보유하고 있으니 홀딩스를 통한 총수 일가의 한진중 지배력은 기존의 16.9%에서 18.29%(=36.5%×50.1%)로 늘어난 셈이다.

인적분할은 이렇게 지배구조를 견고하게 만드는 효과가 있어서 많은 기업들이 이런 방법으로 지주회사로의 전환을 시도한다. 그럼 기업분할 후 기업가치는 어떻게 되었을까? 외국어대학교의 박진우, 이민교 교수는 2019년 증권학회지에 실린 논문에서 인적분할을 통해 지주회사로 전환한

중견기업들을 분석한 결과 인적분할 후 대개의 기업에서 주가가 떨어졌음을 밝혀냈다.[45] 이것이 의미하는 바는 인적분할이 기업가치 증진을 목적으로 시행되는 것이 아니고, 주로 대주주들이 지주회사 지분을 늘려 지배권을 강화하려는 목적으로 시행되는 것임을 시장 참가자들이 이미 알고 반응한다는 뜻이다. 이렇게 해서 주가가 떨어지면 결국 그 손해는 일반주주들이 보게 된다. 바로 터널링이다.

박진우, 이민교 교수는 같은 논문에서 특히 인적분할 이후 대주주들이 지주회사에 현물출자를 하는 단계에서 지주회사 주가가 사업회사(자회사) 주가보다 크게 하락해 대주주들이 지주회사의 지분을 늘려 지배력을 강화하는 데에 유리하게 작용했음을 밝혀냈다. 지주회사 주가 하락은 지주회사 주식을 순매수한 개인 투자자들에게 고스란히 손해로 돌아온다.

그런데 왜 사업회사의 다른 주주들은 대주주처럼 현물출자를 통해 지주회사의 지분을 늘리려고 하지 않는 것일까? 이는 사업회사의 다른 주주들에게는 이런 식의 현물출자에 참여하고자 하는 유인이 별로 없기 때문이다. 지주회사보다는 사업을 하는 회사의 주식을 보유하는 것을 선호하는 경우가 많아서다. 그러나 설령 지주회사의 주식과 교환하고 싶어 하더라도 일반주주들에게는 이와 같은 거래에 장벽이 있을 수 있다. 지주회사가 오직 대주주의 사업회사 지분만을 주식 교환 대상으로 삼는 경우라면 말이다. 특히 사업회사의 주주들에게 '대주주의 주식을 사고 싶다면 내가 가진 주식도 대주주에게 지불하는 그 가격에 사가라'라고 요구할 수 있는 주식공개매수청구권이 없는 경우에는 특히 그렇다.

인적분할은 가끔 우회상장backdoor listing의 통로로 이용되기도 한다. 여기서 우회상장이란 거래소 등이 요구하는 까다로운 요건을 회피해 상장하는 방법을 말한다. 사실 기업 하나를 상장하기란 여간 어려운 일이 아니다. 까다로운 상장 요건과 그에 따른 온갖 서류 작업, 등록, 인허가 등 복잡하고 어려운 과정을 거쳐야 한다. 그러나 상장을 원하는 비상장기업이 상장기업과 합병한 후 인적분할을 통해 분리되면 인수 기업과 피인수 기업 모두 상장기업이 된다. 우회상장의 대표적인 예다. 또 완화된 상장 기준을 악용해 존속 법인이나 신규 법인의 한쪽으로 부실을 몰아넣는 데에 악용될 가능성도 있다.

물적분할과 자회사 상장

새로운 10년을 시작하는 2020년 대 초반, 한국의 자본시장에서 가장 뜨거운 감자를 꼽는다면 아마도 물적분할과 자회사 상장 이슈를 빼놓을 수 없을 것이다. 물적분할이 모회사의 사업부문을 자회사로 떼어내는 것임은 이미 살펴본 바와 같다. 기본은 모회사가 자회사의 지분을 100% 보유하는 것이다.

문제는 떼어낸 자회사를 상장할 때다. 자회사를 상장하면 모회사는 더 이상 자회사의 지분을 100% 보유할 수 없다. 상장을 통해 새로운 주주들이 등장하니 지분 희석이 일어나는 것이다. 현행 상법은 지주회사가 상장 자회사의 지분을 30% 이상 보유하도록 하고 있다. 이는 모회사 입장에서는 자신이 가진 자회사 지분율이 (원래 100%에서) 30%로 떨어질 때까지 자회사가 신주를 발행하도록 놔두어도 된다는 말이다. 만약 모회사의 지분율이 30%가 되면 이제 모회사 주주들은 자회사가 벌어들이는 현금을 100%가 아니라 30%만큼만 누릴 수 있게 된다.

이런 일이 실제로 벌어진 게 LG화학 사례다. 배터리 2차전지 사업 부문이 워낙 유망했던 이유로 이들 핵심 사업

부문은 물적분할로 모회사로부터 떨어져 나왔다. 그리고 떨어져 나온 사업부문이 자회사로 상장을 하면서 모회사의 자회사 지분율이 100%에서 크게 하락했다. 문제는 핵심 사업 부문을 잃게 된 모회사 주가가 이로 인해 폭락한 것이다(이를 '모회사 디스카운트'라고 부른다). 모회사 주주들은 이 피해를 고스란히 안았음에도 불구하고 아무런 보상을 받지 못했다. 당연히 모회사 주주들의 비난이 폭주했다. 햄버거 세트인줄 알고 돈을 지불했는데 집에 와 펼쳐보니 햄버거는 없고 프렌치 프라이만 잔뜩 들어 있다면 기분이 어떻겠는가?

물적분할은 여러 가지 이유로 비즈니스에 꼭 필요한 방법일 수 있다. 예를 들어 부실한 사업 부문을 물적분할로 떼어내면 다른 회사나 펀드에 매각하기가 쉬워진다. 또 아주 유망한 사업 부문이라면 모회사로부터 분리되어 독립적인 회사가 될 경우 기업가치를 훨씬 더 크게 평가받을 수도 있다(실제로 자회사인 LG에너지솔루션은 상장 당시 커다란 인기를 끌었으며 상장일 종가가 50만 원 이상으로 공모가인 30만 원을 크게 웃돌았다).

문제는 물적분할 이후 자회사를 상장할 때 모회사 주주

들에게 적정한 보상이 주어지느냐에 있다. 외국의 경우, 적정한 보상이 주어지기 때문에 물적분할 및 자회사 상장이 비난받지 않는다. 사실 외국에선 물적분할은 흔하지만 자회사 상장까지 이어지는 경우는 아주 이례적일 만큼 흔치 않다. 잘못하면 모회사 주주들로부터 집단 소송을 당할 우려가 있고, 이는 회사의 존립 자체에 큰 위협이 될 수 있기 때문이다. 한마디로 주주들이 무서워서 이같은 의사결정을 내리지 않는다. 한국과는 크게 대비된다.

물론 자회사 상장이 없다고 하더라도 물적분할 그 자체로 모회사 주주들에게 손해를 가져온다는 주장도 있다. 모회사의 한 사업 부문으로 남아 있을 경우 주주들은 이 사업부에 직접적인 영향력을 행사할 수 있다. 그러나 자회사로 떨어져 나가면 설령 모회사가 자회사 지분 100%를 보유한다고 하더라도 모회사 주주들은 오직 모회사를 통한 간접적인 지배 형식으로만 자회사에 영향력을 행사할 수 있게 된다. 이는 어찌되었건 자회사가 모회사와는 별도인 법인이기 때문에 생기는 문제다.

모회사 주주들에게 모회사 디스카운트에 대한 보상을 해준다고 하더라도 문제가 해결되는 것은 아니다. 자회사가 상장될 경우, 새로 들어온 자회사 주주들과 모회사 주주들 간에 얼마든지 갈등이 생길 수 있기 때문이다. 이는 전형적인 터널링의 예가 될 수 있다.

일감 몰아주기와 사익 편취

재벌 기업의 지배주주가 터널링만 하는 것은 아니다. 그 반대인 프로핑propping도 한다. 터널링이 터널을 뚫어 회사의 금고를 털어가는 것이라면, 프로핑은 회사의 금고 밑에 생긴 구멍을 메워주는 역할을 한다. 이를테면 대주주들은 회사가 어려운 경우 사재를 털어서까지 회사를 위기에서 구하려 한다. 이런 이유로 프로핑은 가끔 네거티브 터널링negative tunneling이라고 불리기도 한다.

한국의 재벌 그룹 내에서 프로핑이 존재한다는 사실은 실증연구를 통해서도 밝혀진 바 있다.[46] 어느 재벌 그룹 내에 A, B, C라는 계열사들이 있다고 해보자. A계열사가 영업이익을 발표했는데 실적이 꽤 좋아 시장 기대치를 넘어섰다. 당연히 A계열사의 주가는 올라간다. 놀라운 것은 실적 발표를 하지 않은 B계열사와 C의 주가까지 덩달아 올라간다는 것이다. 도대체 어떻게 된 일일까?

바로 프로핑 효과 때문이다. A계열사가 좋은 성과를 거두었으니 그 성과를 같은 재벌 그룹 내의 다른 계열사들도 함께 나눌 수 있게 될 거라는 시장의 기대를 반영한 것이다. 다시 말해 재벌 그룹 내에서는 계열사들이 그룹 전체 수준의 목적을 공유하고 이를 위해 서로 돕는다는 것, 또는 적어도 시장 참가자들이 그렇게 기대하고 있다는 것이다.

서로 돕는다고는 하지만 프로핑이 반드시 긍정적인 것만은 아니다. 한 연구에서는 1998년부터 2002년까지 중국 회사들을 조사한 결과 많은 상장회사들이 대주주들의 회사에 매출을 일으킴으로써 영업이익을 내고 있다는 사실을 알아냈다.[47] 다시 말해 대주주가 자회사의 실적을 올려주기 위해 자신이 대주주로 있는 회사를 통해 이것저것 사주었다는 말이다.

어디서 많이 듣던 이야기 같지 않은가? 마치 우리나라의 재벌 계열사들이 자기들끼리 서로 밀어주고 팔아주고 하는 것과 유사한 형태다. 여기서 우리는 자연스럽게 '일감 몰아주기'라는 말을 떠올리게 된다. 그렇지만 모든 일감 몰아주기가 문제가 되는 것은 아니다. 공정거래법에 따르면 일감 몰아주기 자체가 아니라 사익을 위해 부당하게 계열사를 지원하는 것이 불법이다. 이를테면 다른 회사에 훨씬 더 비싸게 받고 팔 수 있는 원자재를 그룹 내 특정 계열사에 특별히 싼 값에 판매한다면 이는 일감 몰아주기 규제 대상이 된다.

일감 몰아주기가 악용되는 경우는 꽤 많다. 상속세를 회피하며 자식에게 재산을 증여하는 데에 쓰이는 경우가 대표적이다. 예를 들어보자. 한 아버지가 회사를 가지고 있다. 아들에게 회사를 물려주려고 하는데 그냥 물려주면 엄청난 상속세를 내야 한다. 한국은 상속세율이 매우 높은 나라다. 총수가 사후 지분을 물려주면 할증을 포함해 65%의 상속세를 내야 하고, 생전 증여 시에도 세율이 만만치 않다. 상속세를 내지 않기 위해 아버지는 머리를 썼다. 아들에게 조그만 회사 하나를 만들어준다. 그리고 그 회사에 일감을 몰아줘 회사 규모를 키운다. 그런 다음 그 회사랑 아버지 회사를 합병한다. 이렇게 하면 상속세를 확 줄이고도 아들에게 회사를 넘겨줄 수 있다.

이렇게 편법으로 회사를 증여하는 경우가 많아지자 공정거래위원회가 이를 제재하기 시작했다. 일감 몰아주기 규제가 본격적으로 시작된 것은 2014년 2월부터다. 반면 재계는 신사업을 개척하려고 자회사를 만든 것을 일감 몰아주기로 몰아세우니 기업 운영이 더 힘들어졌다며 하소연을 한다.

어느 계열사가 사익 편취를 위한 일감 몰아주기 규제의 대상이 되려면 총수 일가의 지분율이 상장회사의 경우 30%, 비상장회사의 경우 20% 이상이 되어야 한다. 그러나 이렇게 지정된 지분율 상한은 오히려 총수 일가에게 지분 매각을 통해 규제를 회피할 수 있는 기회를 제공한다. 서울대학교 박상인 교수는 HDC아이콘트롤스, 현대글로비스가 규제를 피해 일감 몰아주기를 할 수 있었던 사례를 예로 든다.[48] HDC아이콘트롤스의 경우 규제 시행 이전에는 총수 일가가 51.1%의 지분율을 유지하고 있었다. 그러나 규제 시행 직후인 2014년 7월에 계열사 지분 6.99%를 처분해 지분율을 44.1%로 감소시켰다. 그리고 2015년에 유상증자로 총수 일가의 지분율을 29.9%로 감소시킨 뒤 회사를 상장해 사익 편취 규제 대상에서 벗어날 수 있었다. 이후 (일감 몰아주기로도 불릴 가능성이 있는) 내부 거래 비중을 50~70%대의 높은 수준으로 유지할 수 있었다.

혜성처럼 등장해 업계 1위에 등극한 현대글로비스는 일

감 몰아주기가 키운 기업의 전형으로 인용된다. 현대글로비스는 규제 시행 이후인 2015년 2월, 총수 일가의 지분율을 43.4%에서 29.9%로 감소시켜 규제 대상에서 벗어났다. 이후 계열사와의 내부 거래를 통해 업계 최상위 수준의 매출액을 달성할 수 있었다.

채권자는 기업 경영에 어떻게 영향을
줄 수 있는가?

주주가 기업의 주인이라고 해서 다른 이해관계자
들이 기업 경영과 무관한 것은 아니다. 채권자 역
시 기업의 자금 조달과 대리인 문제에 중요한 역할
을 하는 주체다. 채권자들은 주주들과 달리 기업
이 위험이 높은 프로젝트에 투자하는 것을 감시하
며, 자신들이 빌려준 부채를 상환받을 수 있도록
최선을 다한다. 기업이 부채가 많은 경우, 채권자
들은 주주들이 과잉투자 내지는 과소투자할 유인

이 있음을 간파하고, 이 잠재적 비용에 대한 책임을 주주들이 지도록 한다. 주주들은 정보불균형을 줄임으로써 이런 문제점들을 덜어낼 수 있다.

물적분할과 인적분할은 어떻게 다른가?

기업이 분할해 지주회사와 자회사로 수직적으로 나뉘면 물적분할이다. 이 경우 대주주는 자신의 지분을 통해 지주회사를 지배하고 지주회사를 통해 자회사를 간접적으로 지배할 수 있다. 분할한 기업들 사이에 지분관계가 없이 수평적으로 나뉘면 인적분할이다. 기존 주주들은 분할한 회사들 모두에 분할 전 지분을 인정받는다.

4부

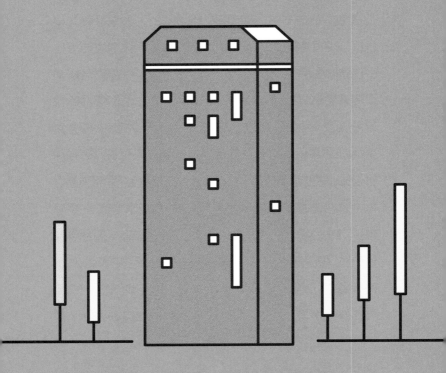

기업이
살아야

지구가
산다

전 세계적으로 기업의 사회적 책임을 의무화하는 국가들이 늘고 있다. 기업은 더 이상 주주의 이익에만 복무할 수 없다. 아직 주주자본주의조차 제대로 뿌리내리지 못한 한국에선 달나라 얘기처럼 들린다. 과거에는 기업과 직접적인 연관이 없다고 생각했던 많은 주체들이 기업의 경영에 관심을 갖고 관리하고 감시하고자 한다. 법규의 정비는 언제나 핵심적인 이슈다. 정보기술의 발달은 소셜 네트워크를 통한 경영 감시와 참여 기회를 대폭 확대했다. 기업을 둘러싼 환경이 빠르게 변하고 있다. 이런 모든 움직임들이 주주들의 부를 극대화해야 한다는 이념과 조화를 이룰 수 있을까?

법과 대리인 문제

기업지배구조와 법체계

질문 자체가 아프리카 국가들에 결례일 수 있겠지만 이런 질문을 던져보자. 미국 기업 중 지배구조가 가장 나쁜 기업과 아프리카 어느 나라의 기업 중 지배구조가 가장 좋은 기업을 비교한다고 해보자. 둘 중 어느 기업의 지배구조가 더 좋을까? 아마 미국 기업이라고 생각하는 독자들이 많을 것이다. 그렇다면 당신은 기업지배구조 수준에 관해서는 기업의 특성보다 국가적 특성이 더 크게 작용한다고 생각하는 것이다.

실제로 경제학자들은 국가와 기업의 특성 중 어느 쪽이 더 기업지배구조에 중요하게 작용하는지에 대해 많은 연구를 수행해오고 있다. 예를 들어 「왜 국가는 기업지배구조에 있어 중요한가?」라는 논문은 제목이 말해주듯이 기업보다는 국가가 더 중요하다는 것을 실증적으로 보여준다.[49] 국가적 수준에서 기업지배구조를 위한 인프라가 제대로 갖춰지지 않은 나라들에서는 기업이 아무리 이사회를 개혁하고 경영자 보수 체계를 바꾸어도 별 소용이 없을 거라는 뜻이다.

그렇다면 기업지배구조에 영향을 미치는 국가적 특성이란 과연 무엇을 말하는 것일까? 여러 가지를 생각해볼 수 있겠지만 역시 가장 중요한 것은 그 나라의 법체계다. 특히 영미 보통법common law이나 프랑스의 대륙법civil law 등으로 구분되는 그 나라 법체계의 근원에 따라 기업지배구조는 다르게 나타난다.

하버드대학교의 안드레이 슐라이퍼 교수를 중심으로 한 연구팀은 1998년에 「법과 금융law and finance」이라는 짧지만 거창한 제목의 논문을 발표했다. 재무경제학의 학문적 경계 안쪽으로 처음 법체계의 기원을 끌어들인 아주 유명한 논문이다.[50] 논문의 저자들은 전 세계 49개국을 대상으로 대륙법체계의 나라들에서보다 영미 보통법체계의 나라들에서 소액주주 보호가 실제로 훨씬 더 잘 이루어지고 있음을 실증적으로 보여주었다.

이 논문은 보통법 국가들에서는 권리를 잘 보호받는 소액주주들의 시장 참여가 활발한 덕분에 여러 주주들이 비교적 고르게 기업의 주식을 보유한다는 사실 또한 밝혀냈다. 만약 당신이 살고 있는 나라가 소액주주를 잘 보호하는 나라라면 당신은 큰 고민 없이 주식시장에 투자할 수 있을 것이다. 하지만 그렇지 않은 나라라면 아무래도 소액주주로서 주식시장에 투자하기를 꺼려할 가능성이 높다. 실제로 소액주주 보호가 제대로 이루어지지 않는 나라들에서는 지분 보유가 몇몇 대주주에 집중되어 있는 경우가 많았다. 예를 들어 소액주주 권리가 제대로 보호되지 않는 이탈리아는 대주주들이 보유하고 있는 지분이 평균 58% 정도인 반면, 권리가 더 잘 보장되는 영국의 경우에는 19%밖에 되지 않았다.

보유 지분의 집중도뿐만이 아니다. 법률 문제는 주식시장 전반에 걸쳐 더 광범위한 영향을 끼치고 있었다. 몇몇 대주주보다 소액이라도 다수의 사람이 투자하는 쪽이 주식시장 발전에 더 이롭다는 것이다. 이를테면 소액주주 보호가 잘되어 있는 경우 그렇지 않은 나라들보다 주식시장이 더 빠르게 발전하고 규모도 커진다. 조사 당시 이탈리아는 상장회사 시가총액이 31억 달러에 불과했다. 그러나 영국 상장회사들의 시가총액은 185억 달러로 이탈리아의 여섯 배에 달했다. 소액주주들이 자유롭게 참여할 수 있으니 기업 입장에서도 더 수월하게 자금을 조달할 수 있었고, 더구나 그 자금은 대주주들의 참견으로부터도 자유로웠다. 이처럼 법체계가 소액주주들을 얼마나, 어떻게 보호하느냐 하는 것은 경제성장과 주식시장의 발전에 강력한 영향을 미친다.

소액주주 보호와 체계적 위험

법체계의 영향을 받는 기업지배구조가 그 나라 주식시장에 상장된 주식들의 체계적인 위험systematic risk에까지 영향을 미친다면 다소 뜬금없다고 생각할 독자들이 꽤 있을 것이다. 체계적 위험은 주식 수익률이 시장 수익률에 얼마나 민감하게 움직이는지에 관한 척도다. 이런 위험은 서로 다른 주식들의 수익률이 서로 같이 움직이는 정도로 측정되곤 한다. 이를 '동조성comovement'이라고 부른다. 다시 말해 동조성을 띤다는 의미는 주가 움직임이 서로 높은 상관관계를 보인다는 뜻이다. 가령 주식시장이 상승세일 때 같이 가격이 오르는 주식이 있는가 하면, 하락하는 주식도 있다. 만약 시장 수익률이 떨어질(올라갈) 때 많은 개별 주식들 또한 수익률 하락(상승)을 겪는 경우가 많다면 그 시장은 동조성이 높은 것이다. 이는 개별 종목들 간의 상관관계를 일일이 계산해서도 알 수 있지만 보다 쉽게는 각 개별 종목 수익률이 코스피 지수 수익률 같은 시장 수익률과 얼마나 유사하게 변동하는지를 살펴봄으로써 알 수 있다. 만약 어느 주식의 수익률이 시장 수익률에 민감하게 반응한다면 체계적 위험이 높은 것이다.

이렇게 얻은 개별 주식의 동조성 측정치를 모든 주식에 적용해 평균을 내면 국가 수준의 평균 동조성을 계산할 수 있다. 동조성이 높은 국가에서는 시장이 꺾일 때 그 국가의 많은 주식이 같이 하락하는 성향을 보인다. 반면 미국이나 캐나다 같이 동조성이 작은 국가는 시장이 하락하더라도 함께 하락하는 주식과 그렇지 않은 주식들이 섞여 있어서 모두 같이 하락하는 정도가 비교적 낮다.

그렇다면 한국은 어떨까? 삼성전자 주가가 꺾이면 한국

주식시장 전체 시가 총액의 30%를 차지하는 공룡 주식이 꺾이는 것이고, 이는 당연히 시장에 큰 타격을 줄 것이다. 하지만 아마존 주가가 꺾인다고 해서 미국 시장이 그 정도로 타격을 받지는 않을 것이다. 동조성은 이렇게 그 나라 주식시장이 얼마나 위기에 취약한지를 보여준다.[51]

캐나다 앨버타대학교의 랜달 모크 교수 팀은 국가 평균 동조성이 이머징 국가들에서 특히 높은데 이는 이들 국가들의 주주보호 체계가 미흡한 탓이라는 것을 실증적으로 밝혀내 큰 반향을 일으켰다. 논문의 결과는 다음 그래프에 잘 요약되어 있다.[52] 그래프의 바가 길수록 개별 종목의 주가가 주식시장과 유사하게 움직인다(즉 동조성이 크다)는 것을 의미한다. 그래프를 보면 동조성이 가장 큰 나라는 폴란드다. 그다음이 중국, 타이완, 말레이시아, 터키 등의 순으로 이어지고 한국은 아홉 번째다. 반대로 동조성이 가장 낮은 나라는 미국이고, 그다음이 캐나다, 프랑스, 독일, 포르투갈, 오스트레일리아, 영국, 덴마크, 뉴질랜드 등의 순서다. 그래프를 보면 위쪽에 있는 국가들, 다시 말해 동조성이 큰 국가들이 주로 이머징 마켓 국가라는 것을 한눈에 알 수 있다.

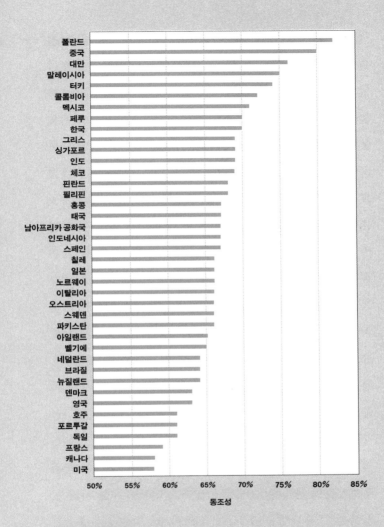

각국의 주가 동조성

그럼 왜 신흥시장일수록 동조성이 더 크게 나타나는 것일까? 상장회사의 수가 적어서라거나, 주식시장의 규모나 발전 정도가 낮아서, GDP가 낮아서, 또는 산업 집중도가 높아서(산업 내에서 시장점유율 대부분을 차지하는 공룡 기업이 있는 경우) 등등의 이유를 생각해볼 수 있겠지만 이 변수들은 모두 설명이 충분치 않은 것으로 나타났다. 정답은 놀랍게도 기업지배구조에 있었다. 동조성이 낮은 국가들일수록 평균적으로 소액주주에 대한 보호가 잘 이루어져 있고 기업지배구조 체계도 더 발전되어 있었다(그림에서 미국과 한국의 위치를 비교해보자).

소액투자자에 대한 보호가 잘 안 되어 있는 경우에는 특정 기업에 관한 고유정보를 이용한 투자를 할 때 조심할 필요가 있다. 설령 다른 투자자들이 모두 손해를 보았는데 혼자만 이득을 취했다 하더라도 그 이득을 보호받지 못할 가능성이 있기 때문이다.

그러니 소액주주 보호가 취약할 때는 내가 가진 정보를 믿고 다른 투자자들과 다르게 투자하는 것보다 그저 다른 투자자들이 하는 대로 시장에 널리 알려진 정보를 따라 투자하는 것이 낫다. 예를 들어 코스피200 지수를 추종하는 투자도 좋은 전략이 될 것이다. 많은 투자자들이 이런 전략을 쓰게 되면 동조성은 올라가게 된다. 그러나 개인 투자자, 소액주주에 대한 보호가 잘되어 있다면 기업에 고유한 정보를 토대로 투자를 해도 문제없다. 보다 많은 투자자들이 기업에 고유한 정보를 토대로 투자하면 동조성은 낮아질 것이다. 이것이 모크 교수 팀이 밝혀낸 체계적 위험 뒤에 숨은 기업지배구조의 역할이다. 기업지배구조는 투자자들이 시장에 알려진 정보와 기업에 관한 고유정보 중 어떤 정보를 이용해 투자하는 것을 선호하게 되는지에까지 영향을 미쳐 그 나라 주식시장의 체계적 위험에 영향을 미치게 되는 것이다.

도드-프랭크 법

주주들의 이익을 위해 기업지배구조를 개선하도록 법으로 강제하는 나라들도 있지만 영국 같은 나라에서는 이를 기업들이 자발적으로 수행하도록 유도한다. 영국엔 이른바 캐드버리 코드Cadbury Code라는 것이 있는데 런던 증권거래소에 상장되어 있는 거의 모든 회사들이 이 규약을 지키겠다고 '자발적으로' 선언을 한다. 굳이 법적으로 강제하지 않아도 자발적으로 기업지배구조 향상을 위한 노력을 해나가겠다는 약속인 셈이다.

반면 미국에서는 법규로 규제하는 측면이 강하다. 이를테면 2008년 금융위기 이후에 만들어진 도드-프랭크 법Dodd-Frank Act이 좋은 예가 될 것이다. 소비자보호법이라고는 하지만 사실상 금융산업 규제를 위한 법이다. 투자은행과 상업은행의 역할을 분리하고, 은행들 가운데서도 규모가 큰 곳들이 함부로 위험한 투자를 하지 못하도록 규제한다. 규모가 큰 은행들을 국가에서 감시하고 규제함으로써 이들이 경제 전체를 위험에 빠뜨릴 정도의 위험한 투자를 하지 못하도록 하겠다는 것이다. 그러나 이 법규는 트럼프 대통령 집권 이후 완화되었다.

규제들도 시대 흐름에 따라 마치 유행처럼 돌고 도는 패턴을 보인다. 미국에서는 2001년 엔론 스캔들이 있고 난 뒤 사베인Sarbanes과 옥슬리Oxley 두 명의 상원의원이 분식회계를 규제하고 사외이사 임용을 강제하며, 부정행위에 대한 처벌을 대폭 강화한 법안SOX을 만들었다. 모두 기업의 지배구조를 좀 더 투명하게 만들 것을 목표로 하는 내용이다. 그러나 어떤 규제도 부작용을 피해갈 수 없듯이 이 법안 역시 예외가 아니었다. 규제가 심하다 보니 많은 외국 기업들이 아예 미국 주식시장에 상장하는 자체를 회피하는 부작용이 나타나게 된 것이다.

1990년대 중후반까지 해외 상장을 추진하는 기업들의 선택지는 단연 미국이었다. 그러나 SOX 이후 해외 기업들은 규제가 강력해진 뉴욕을 피해 대신 런던이나 상하이, 홍콩 등에서 해외 상장 기회를 찾기 시작했다. 이 같은 추세가 강화되자 당시 뉴욕 시장이었던 마이클 블룸버그는 《월스트리트저널》에 다음과 같은 제목의 글을 기고했다. "뉴욕을 구하려면 런던에서 배우자." 미국의 기업 규제가 지나치게 엄격하니 이를 좀 완화시켜달라는 내용이었다. 그러나 2007년, 사람들이 여기에 동조하려던 순간 미국은 서브프라임 모기지 사태로 금융위기에 처하고 만다. 그렇게 해서 완화되기를 바라던 규제는 오히려 더욱 강화되었고 이후 도드-프랭크법이 만들어졌다. 그리고 강화된 규제는 트럼프 정부가 들어서면서 다시 완화되었다.

모니터링은 주주만
하는 것이 아니다

금융권과 미디어의 감시

경영자를 모니터링할 인센티브는 주주들만 갖는 것이 아니다. 앞에서 살펴보았듯이 돈을 빌려준 채권자들도 당연히 자신들이 빌려준 돈이 어떻게 쓰이는지를 모니터링해야 약속한 날에 이자와 원금을 받을 것을 확신할 수 있기 때문이다. 채권자의 모니터링은 정보불균형을 줄여 대리인 문제도 줄인다.

　모니터링은 주요 일간지와 경제 관련 잡지 등 미디어를 통해서도 이루어진다. 이와 관련한 흥미로운 사례 하나를 간략히 살펴보자. 시카고대학교의 루이지 징갈레스^{Luigi} ^{Zingales}교수 팀의 연구로 밝혀진 사례다.[53]

미국의 한 헤지펀드가 러시아 회사를 인수했다. 우량 기업이지만 경영진의 전횡이 심해 기업가치가 낮아진 상태였기 때문에 싸게 인수할 수 있었다. 인수합병 후 경영진을 교체하거나 경영진이 더 일을 잘할 수 있도록 강제하면 기업가치를 높일 수 있다. 싼 값에 좋은 회사를 사서 비싼 값에 팔 수 있게 되는 것이다. 이와 같은 투자 기회를 포착한 헤지펀드는 러시아 회사를 인수한 후 어떻게 하면 경영자가 일을 잘하게 할 수 있을지 고민했다. 그리고 언론을 상대로 '로비'에 나서기 시작했다.

그들이 선택한 로비 대상은 경제 신문《월스트리트저널》이나《파이낸셜타임스》《이코노미스트》같은 서구 선진국의 권위 있는 미디어들이었다. 그들은 기자들을 만나 자신들이 인수한 회사가 꽤 괜찮은 회사임에도 불구하고 경영자가 제대로 일을 하지 않아 기업가치가 낮다며 경영자가 조금만 더 열심히 일한다면 우량한 기업이 될 수 있다는 식의 정보를 흘리고 다녔다.

얼마 후 러시아 회사의 경영자는《월스트리트저널》을 보다가 깜짝 놀랐다. 경영자인 자기 자신의 무능으로 인해 회사의 가치가 낮은 상태에 머물고 있다는 기사가 실렸기 때문이다. 게다가 세계적으로 권위 있는 여러 저널에 자신에 대한 부정적인 평판이 공개적으로 노출되었으니 경영자는 망신살이 뻗친 느낌이었을 것이다. 그래서 자신의 평판reputation을 보호하기 위해 일을 열심히 하기로 한다. 그 결과 기업가치는 높아졌고 헤지펀드는 해피엔딩으로 거래를 마감할 수 있었다는 동화 같은 얘기다.

미국에 상장하면 미국 법을 따라야 한다

대리인 문제를 줄이거나 해소할 수 있는 또 하나의 방법은 해외 상장이다. 해외 상장은 예를 들어 우리나라 회사들이 미국이나 유럽 등 외국에 상장하는 경우를 말한다. 해외 상장은 기업을 모니터링하는 주체들을 해외로까지 널리 확장시킨다.

해외 상장을 할 때는 몇 가지 방법이 있다. 가장 기본적인 방법은 보통주를 미국에 상장하는 것이다. 그러나 해외 기업이 미국에 보통주를 상장하기 위해서는 미국 증권거래소SEC에 등록해 이들의 엄밀한 관리감독을 받아야 하고, 까다로운 거래소 상장 요건들도 모두 충족시켜야 한다. 이런 이유로 많은 경우 해외 상장은 주식예탁증서Depositary

Receipts, DR를 통해 하게 된다. 주식예탁증서는 말 그대로 주식을 예탁한 사실을 증명하는 증서로 보유자가 원하면 보통주로 교환할 수 있다. 주식예탁증서는 주식처럼 편리하게 거래되지만 보통주보다 상장 요건이 덜 까다롭다.

어느 기업이 해외 상장을 한다는 계획을 공시하면, 그 상장기업의 주가는 지분 희석 우려로 인해 하락하는 경우도 있지만 반대로 오르는 경우도 많다. 왜일까? 우리나라나 다른 신흥시장 국가들보다 미국의 상장 요건과 공시 요건은 훨씬 까다롭다. 또 공시에 하자가 있을 때 제재도 크다. 그런 만큼 미국에 주식을 상장한다는 것은 앞으로 더 엄격한 미국 법을 지켜 더 많이 공시하고, 더 제때 공시하고, 더 투명하게 공시하겠다는 것을 약속하는 것이다. 이는 다르게 표현하면 그만큼 숨길 게 없다는 뜻이기도 하다. 더 잘 공시하면 이는 당연히 정보불균형 해소에 도움을 주고, 그로 인한 대리인 문제를 감소시킨다. 대리인 비용이 줄어드니 주가가 오르게 되는 것이다. 더 잘 공시하겠다는 약속의 힘이다.

말이 나온 김에 해외 상장의 중요한 도구인 DR에 대해 조금 더 알아보자. 가령 미국의 투자자가 우리나라 주식,

예를 들어 포스코 주식을 눈여겨보고 있다가 매입하기로 결정했다고 해보자. 이때 가장 쉽게 생각할 수 있는 방법은 해당 주식을 직접 매입하는 것이다. 그러나 이 경우 환율 리스크를 감수해야 하고 적지 않은 거래 비용 또한 부담해야 한다. 그래서 미국 투자자는 자기가 거래하는 증권사 소속 중개인에게 포스코 주식을 매입해줄 수 없겠느냐고 문의한다. 이와 같은 잠재적 투자자들이 많을 경우 증권사는 포스코 주식의 시장성을 검토한 뒤 ADR을 발행하게 된다 (ADR은 미국에서 발행되는 DR을 말하며, A는 'American'을 뜻한다). 그 과정은 다음과 같다.

ADR을 발행하기 위한 첫 단계는 한국에 있는 자신들의 지사 혹은 협력사에 연락해 거래소에서 해당 주식을 매입하도록 하는 것이다. 사들인 주식은 예탁결제원에 넣어두고 매입해 예탁한 만큼에 해당하는 증서를 발행한다. 이것이 주식예탁증서, ADR이다. 이 주식예탁증서는 뉴욕이나 나스닥에 상장시키거나 아니면 장외 시장에서 팔 수 있다. ADR의 경우, 가격이 달러로 표시되고 배당 또한 달러로 지급된다. 다시 말해 미국 투자자들 입장에서는 다른 어떤 미국의 보통 주식과 다를 바 없이 거래되는 셈이다. 만약

ADR을 갖고 있던 투자자가 이를 보통주로 바꾸고 싶다면 미리 정해진 전환비율에 따라 예탁원에서 보통주를 찾아 교환토록 요청하면 된다. 예를 들어 포스코 ADR 1주가 포스코 보통주 2주로 전환될 수 있다면 갖고 있는 ADR 1주를 주고 보통주 2주를 받게 된다. 보통주와 교환된 ADR은 이후 소각된다.

사회 관계망 서비스의 힘

2020년 코로나 바이러스가 지구를 강타한 이후, 많은 국가들에서 주식 투자를 하는 개인들이 크게 늘었다. 한국의 '동학개미'들이 대표적인 케이스지만 이것이 한국만의 현상은 아니다. 미국에서는 '로빈 후드'로 불리고, 일본에서는 '닌자개미', 중국에서는 '부추'라고 불린다. 부추라는 특이한 이름은 기관 투자자들에게 그렇게 당하고도 계속 시장에 투자하는 개인 투자자들을 이르는데, 윗부분을 잘라내도 계속 자라는 부추의 속성에 빗댄 표현이라고 한다. 개인 투자자들은 각종 미디어를 이용하는데, 특히 유튜브나 사회 관계망 서비스[SNS]가 중요한 정보 소스다. 이를테면 한국에서 증권 관련 채널로 인기를 끌고 있는 '삼프로TV',

'신사임당', '슈카월드' 등은 구독자가 100만 명이 넘는다.

2021년 새해 벽두를 달군 뉴스는 미국의 비디오게임 전문 소매업체인 게임스탑GameStop의 주가에 관한 것이었다. 게임산업이 온라인 위주로 재편되면서 오프라인 업체인 게임스탑은 영업 전망이 밝지 않아 많은 공매도 투자자들의 표적이 되어 있었다. 이때 미국의 사회 관계망 서비스 사이트인 레딧Reddit의 종목 토론 게시판인 월스트리트베츠 WallStreetBets를 중심으로 개인 투자자들이 의기투합해 게임스탑 주가를 떠받쳐 올리면서 공매도 투자자들에게 막대한 손해를 입히는 전무후무한 일이 일어났던 것이다.

특히 개인 투자자들은 게임스탑의 콜옵션을 대량으로 매수하는 영리함을 보였다. 이렇게 되면 그들에게 콜옵션을 팔아준 거래 상대방인 시장 조성자는 자신들의 콜옵션 매도short 포지션을 헤지하기 위해 기초 자산인 게임스탑 주식을 대량으로 사들여야 한다. 이는 주가 상승을 가져올 수 있는데(이를 '감마 스퀴즈gamma squeeze'라고 한다), 주가가 오르면 공매도 포지션에서는 대량 손실이 발생하게 된다. 따라서 공매도자들은 또한 대규모 손실이 일어나기 전에 자신들의 포지션을 청산하기 위해 주식을 대량으로 매수(이를 '숏

스퀴즈short squeeze'라고 한다)하게 된다. 그러면 주가는 더욱 오르고, 주가가 오르면 결국 공매도자들은 더 큰 손실을 입을 수밖에 없게 된다. 게임스탑 사태는 여러모로 충격적이었지만 무엇보다 개인 투자자들이 사회 관계망 서비스를 통해 '세력화'하고 있다는 점, 그리고 이렇게 세력화한 힘이 금융시장을 흔들 수 있을 정도라는 점에서 특히 놀라웠다.

채팅방이나 미디어가 가진 커다란 힘은 사실 학계에도 이미 널리 알려져 있다. 예를 들어 《월스트리트저널》의 칼럼들을 분석하면 시장에 퍼져 있는 비관적인 센티멘트 정도를 측정할 수 있는데 이 측정치들은 실제로 미래의 주가 하락을 예측하는 데에 유용하다.[54] 또 다른 연구는 '야후파이낸스'와 '레이징불' 웹사이트의 채팅방에 올라온 다우존스지수 구성 종목들인 45개 주식에 대한 150만 개가 넘는 메시지를 분석했다. 메시지들은 시장의 변동성을 잘 예측하고 있었고, 포스팅된 메시지들에서 의견이 분분한 주식들은 실제로 거래량도 많았다.[55]

개미투자자들, 특히 개인 공매도 투자자들이 '똑똑하다'는 것을 보여준 실증연구로는 2017년에 재무경제학 분야의 권위 있는 학술지에 실린 한 논문이 대표적이다.[56] 미국에서는 개인 공매도 투자자들이 주가가 떨어질 것을 잘 예측하며, 그 예측력은 특히나 시가총액이 작은 주식들에서 더 잘 나온다는 내용을 담고 있다. 저자들은 개인 투자자들의 정보 소스로 친구들이나 사회 관계망 서비스 등의 예를 들었다. 사회 관계망 서비스가 실제로 유용한 정보 습득의 창구가 된다는 것이다.

물론 미디어가 주가나 기업에 실질적인 영향을 미친다는 연구 결과만 있는 것은 아니다. 앞서 소개했던 시카고대학교의 루이지 징갈레스 교수 팀의 연구처럼 유명한 미디어에 노출될수록 해당 회사의 기업지배구조와 관련한 부정적 행위들이 유의하게 줄어들게 된다는, 즉 미디어의 유의한 영향력을 보여주는 논문이 있지만 그렇지 않은 연구들도 있다.[57] 예를 들어 최근의 한 연구는 미디어가 기업 최고경영자 급여에 미치는 영향력을 살펴보았고, 그 영향력이 제한적이라는 사실을 찾아냈다. 미디어는 연봉을 많이 받는 최고경영자들을 자주 커버하지만, 미디어에 연봉이 너무 많다는 기사가 나온다고 해서 이후 해당 기업의 경영자 연봉이 줄어든다는 실증적 증거는 찾지 못했다.[58]

차입매도, 이익 조정을 막고 기업의 약점을 밝힌다

공매도라는 말에 많은 사람들은 주로 부정적인 단어들을 함께 떠올린다. 나폴레옹은 공매도자를 공공의 적이라고까지 이야기했고, 리먼브라더스가 파산 위기에 처했을 당시 최고경영자였던 딕 풀드는 심지어 "공매도자들의 심장을 꺼내 씹어 먹자"는 끔찍하고도 살벌한 표현까지 서슴지 않았다.

공매도를 예뻐하는 투자자는 지구상에 공매도자 자신들 말고는 없다. 공매도자들이 욕을 먹는 것은 한국에서나 미국에서나 모두 마찬가지다. 실제로 표적을 정해 공매도를 하고 기업가치를 떨어뜨리기 위해 공격하는 전형적인 공매도자들의 행태를 보고 있으면 천박하다는 생각까지 들기 일쑤다.

그러나 공매도는 자본시장에 없어서는 안 되는 중요한 제도다. 우선 공매도는 주식을 갖고 있는 누군가로부터 '빌려온 후' 파는 것이니 엄밀히 말하면 '빌 공空'자를 쓴 공매도는 올바른 단어가 아니라는 점을 강조해두고 싶다. 빌려와서 '갖고 있는 것'을 파는 것이기 때문에 정확한 용어는 '차입매도'다.

차입매도가 자본시장에 필요한 이유로 유동성 증가나 가격발견price discovery(주가가 과대평가되는 것을 방지함) 기능 활성화 등은 이미 잘 알려져 있지만 그 외에도 여러 가지가 있다. 예를 들어 차입매도는 회계 정보 투명성을 높이는 데 도움을 준다. 기업의 매출이나 이익에 계절성이 있는 경우, 이를 보다 유연하게 회계 처리하는 관행을 '이익 조정earnings management'이라고 한다. 이전에는 '이익 조작earnings manipulation'이라는 단어를 사용했으나 부정적인 뉘앙스가 상당해 좀 더 부드러운 표현으로 바꾼 것이다. 이익 조정이 반드시 불법행위가 아니고 회계적으로 허용되는 부분이 있음을 강조한 표현이기도 하다. 문제는 이 이익 조정이 과도하면 불법적으로 이용되어 주가를 조작하는 데에 이용될 수 있다는 것이다. 어디까지가 법적으로 허용되는 수준이고 어디까지가 불법인지 애매한 경우가 많아 경영자들이 주가를 올리고 싶을 때 이익 조정을 자주 사용한다.

하지만 차입매도가 있으면 이런 식의 조작이 불가능하다. 이익 조정을 통해 주가를 슬쩍 부풀려놓으면 차입매도 투자자들이 바로 알아채고 대규모로 차입매도 포지션을 잡아 공격해 들어오기 때문이다. 자기 회사에 차입매도가 쌓이는 걸 좋아할 경영자는 없다. 그러니 차입매도가 싫어서라도 이익 조정을 통해 주가를 부풀리는 짓은 하지 않게 된다.

차입매도는 특히 기업에 불리한 정보가 주가에 적절하게 반영되는 것을 돕는다. 경영자들은 기업에 유리한 소식들을 구체적이고도 명확하게 드러내고 싶어 한다. 가령 '우리 회사의 이번 주당 순이익이 기대치를 2달러 이상 넘어섰다'고 구체적인 수치를 들어 이야기하는 식이다.

반면 성과가 별로 좋지 않을 때는 그냥 '조금' 나빠진 정도라고 에둘러 이야기하고 싶어 한다. 나쁜 소식을 굳이 강조하고 싶은 경영자는 없다. 부정적인 정보를 어떻게든 숨기려는 성향은 재무제표에조차 가능한 한 애매하게 표현하는 형태로 나타난다.

재무제표에 깨알같이 써놓은 부정적인 정보들을 처음부터 끝까지 샅샅이 파악하는 사람들이 바로 차입매도자들이다. 이들은 부정적인 정보를 찾아내고 나면 곧바로 차입매도에 들어간다. 이후 차입매도 투자자들이 행하는 전략은 뻔하다. 자신들이 파악한 그 회사의 문제점들을 낱낱이 공개하기 위해 증권감독원이나 감독 당국에 경영진을 고소하거나 신문, 방송, 사회 관계망 서비스 등 미디어를 통해 그 기업에 대한 부정적인 정보를 끊임없이 흘린다. 다시 말해 주가를 떨어뜨리기 위해서라면 무엇이든 한다. 주가가 떨어져야 자신들이 더 많은 이득을 취할 수 있기 때문이다. 이런 짓을 일삼는 차입매도자들을 곱지 않은 시선으로 보는 것은 어쩌면 지극히 당연한 것이다. 하지만 여기서 주목해야 할 부분은 기업이 숨기고자 하는 나쁜 정보들을 이들이 낱낱이 파악해 시장에 알려준다는 점이다.

시카고대학교의 루이지 징갈레스 교수 팀은 1996년부터 2004년까지 미국 기업들을 대상으로 기업이 저지른 부정행위나 사기행각 등이 주로 어떤 경로로 밝혀졌는지에 대해 조사했다.[59] 기업 부정을 가장 많이 밝혀내는 사람들은 내부자들이었다. 내부 고발자의 양심선언이 그런 경우다. 미국에서 내부 고발자는 큰 보상을 받는다. 따라서 내부 고발로 인해 기업의 곪아터진 부분이 적나라하게 드러나는 경우가 적지 않다.

안타깝게도 한국에서 내부 고발자는 배신자로 낙인찍히고 각종 불이익을 받게 되는 등 개인 신상에 상당한 피해를 입는 경우가 부지기수다. 내부 고발자 보호가 강화되어야만 더 많은 부정행위들이 공개될 수 있고, 그럼으로써 기업의 부정행위가 조금이라도 줄어들 수 있다. 그러나 한국에서는 언감생심이다. 이것은 역설적으로 한국에서 차입매도자들의 역할이 더 중요해지는 이유가 된다.

미국에서도 기업에 부정적인 정보의 상당 부분은 차입매도자들이 밝혀내고 있었다. 내부 고발자가 보호받지 못하는 경우, 차입매도자들의 적극적인 고발 행위가 투자자들을 돕고 건전한 자본시장을 건설하는 데에 도움이 될 것임은 굳이 강조하지 않아도 알 수 있다.

기업의 주인은 누구인가

서두에서 이야기했듯이 밀턴 프리드먼은 "기업의 유일무이한 사회적 책임은 법과 규범의 테두리 안에서 회사의 이익을 극대화하기 위해 설계된 활동에 참여하고, 그 자원을 활용하는 것이다"라고 말했다. 하지만 이제는 달라졌다. 기업의 사회적 책임Corporate Social Responsibility은 이제 선택이 아니라 의무가 되었고, 거기서 한발 더 나아가 환경과 사회에 포괄적으로 복무하는 것을 기업의 목적으로 삼는 ESG의 거대한 흐름이 밀려오고 있다. 기업 경영에 중요한 패러다임의 변화가 일어나고 있는 것이다.

왜 기업의 사회적 책임이 이렇게 중요한 이슈가 되었을

까? 그리고 이런 움직임은 주주들의 부를 극대화해야 하는 기업 경영의 목표와 어떻게 조화를 이룰 수 있을까? 주주들에게 이로운 것이 반드시 기업의 다른 이해당사자들에게도 이로울까? 아니면 이해당사자들에게 이로운 일은 주주들에게 해가 될까? 이제 이런 질문들에 어떻게 대답하느냐 하는 것은 도덕성이나 이윤을 넘어 기업의 생존을 좌우하는 핵심 이슈가 되고 있다.

ESG의 흐름은 금융위기로 촉발된 주주우선주의에 대한 회의와 지구 온난화로 대표되는 환경 문제의 심각성과 시급함에서 비롯되고 강화되었다. 특히 기업의 이윤추구가 사회 공동체의 이익뿐 아니라 환경 문제와도 상충되는 경우가 빈번해지면서 이 커다란 이슈들을 공적인 목적으로 묶어 하나의 프레임 안에서 고려해야 할 필요성이 대두된 것이다. 지금껏 기업의 사회적 책임이 각 기업이 자발적으로 '베푸는 것' 정도로 인식되어왔다면 ESG의 흐름은 이제 기업의 생존을 위한 기본 전제가 되어가고 있다.

유럽연합은 2014년 10월부터 500인 이상 기업에 대해 비재무보고서 발간을 의무화했으며, 유럽의 많은 기업들은 그들의 국내외 협력 기업에도 사회적 책임을 요구하고 있다. 미국 역시 일부 비재무정보 공시를 의무화하고 국무부에 대응 체제를 설치해 기업의 책임을 감시하는 정부의 역할을 강화했다. 일본 정부는 비재무정보 작성과 공개 가이드라인 책정, 그리고 모범 사례 표창 등의 간접적인 방식으로 기업의 사회적 책임을 확산시켰다. 중국 또한 기업의 사회적 책임을 적극적으로 제도화했다. 이를테면 환경과 사회, 지배구조 정보 공개 의무를 확대하고, 친환경 프로젝트를 위한 녹색채권도 발행하는 식이다.

코트라(대한무역투자진흥공사)는 "신흥국에서도 기업의 사회적 책임을 제도화하려는 경향이 뚜렷해지므로 해외 진출 기회를 찾는 우리 기업은 기업의 사회적 책임의 실행력을 확보하는 게 필수임을 명심해야 한다"라고 조언한 바 있다. 예전에는 주주의 부를 높이는 것, 즉 주가를 끌어올리는 것이 기업의 최고 목표였으나 근래 들어서는 이처럼 여러 나라에서 기업의 사회적 책임이 강조되고 있다.

로리 바시의 공저『굿 컴퍼니, 착한 회사가 세상을 바꾼다』는 이런 유명한 문장으로 시작된다. "나쁜 회사들 때문에 우리의 인내심은 바닥을 드러냈다." 이 책은 장수한 기업들은 세 개의 핵심 철학을 갖고 있다고 말한다.

첫째는 소유권 철학이다. 기업의 소유자는 집사이지 주식 투자자 혹은 트레이더만이 아니라는 것이다. 이는 주주만을 기업의 주인으로 보던 시각에서 벗어나 기업에 이해관계가 있는 모든 주체들로 기업의 주인을 확장한 것이다. 둘째는 경영 철학이다. 사람들은 단기간의 재무적 이익이 아니라 실질적인 사명에 의해 움직인다. 셋째는 소속된 사회와 기업의 가치를 공유하며 항상 돈독한 관계를 유지하는 것이다.

《시사저널》은 2013년부터 '굿 컴퍼니 컨퍼런스'를 개최하고 있으며, 그 구체적 실현을 위해 2014년부터 국내 최초로 '굿 컴퍼니 지수'를 개발해 발표했다. 2020년 1월에 발표한 '굿 컴퍼니 지수'는 CJ제일제당이 1위, LG생활건강이 2위, 포스코가 3위를 차지했고, 이어 두산인프라코어, SK하이닉스, KT&G, 삼성화재, SK이노베이션, CJ대한통운, 삼성물산 등이 순위에 올랐다.

기업의 사회적 책임은 영업활동의 투명성과도 연결된다. 2012년 회계학 분야의 권위 있는 학술지인 《어카운팅 리뷰》에 실린 한 논문은 미국 기업들을 대상으로 사회적 책임이 높은 기업과 낮은 기업들 간에 영업이익의 투명성에 차이가 있는지를 조사했다.[60] 그 결과 사회적 책임 지수가 높은 기업일수록 경영자와 회계사의 주관적 개입으로 조정이나 조작의 가능성에 노출되는 영업이익 조정의 정도가 낮고 그에 대한 정보도 훨씬 투명했음을 밝혀냈다.

같은 해, 같은 학술지에 실린 또 다른 연구는 사회적 책임 지수가 높은 기업일수록 더 많은 애널리스트들이 그 회사에 대해 관심을 갖고 분석하게 되며, 그에 따라 대상 기업에 대한 정보불균형이 적어지게 된다는 것(투자자와 경영자 간 정보 격차가 작아진다)을 확인했다.[61] 정리하자면 기업의 사회적 책임이 높으면 회계장부상 보고된 영업이익을 신뢰할 수 있고, 정보불균형이 줄어들며, 기업 분석 보고서도 실수가 적어져 일반 투자자들도 훨씬 쉽고 안전하게 투자할 수 있게 된다는 것이다.

기업의 사회적 책임 지수가 높거나 낮은 것은 각 회사의 특성으로 인해 나타나는 결과일 수도 있지만, 이 또한 앞에서 이야기한 기업지배구조의 경우처럼 각국의 법체계와도 관련이 있다. 해당 국가가 어떤 법체계를 따르느냐에 따라 기업의 사회적 책임 지수가 달라진다는 것이다.[62] 기업의 사회적 책임을 단순히 기업에 맡겨두는 것만이 아니라 국

가적인 차원에서 이를 지원하고 감독하며 관리하는 것이
중요한 이유도 그 때문일 것이다.

여자, 남자 그리고 착한 기업

헨릭 크론비스트 교수는 자신의 동료와 함께 아주 재미있
고 특이한 연구를 진행했다.[63] 그들은 자녀의 성별이 최고
경영자의 경영 방식에 영향을 미치는지 알고 싶었다. 분석
결과, 사회적 책임 지수가 높은 기업의 최고경영자들 중에
특히 딸을 둔 사람이 많다는 사실이 드러났다. 경영자에게
딸이 있는 경우에는 그렇지 않은 경우보다 그 회사의 사회
적 책임 지수가 9.1% 더 높게 나타난 것이다. 저자들은 그
이유를 여성들이 남성들보다 타인을 더 배려하는 성향을
보인다는 기존 연구들을 인용하며 딸이 있는 경영자의 경
우, 육아 과정에서부터 여성들의 이와 같은 성향을 배우고
내재화하기 때문이라고 설명한다. 딸이 있는지의 여부가
조직 문화의 평등함과 다양성을 결정짓는 데에 중요한 요
인으로 작용한다는 것을 실증연구를 통해 확인한 셈이다.

성균관대학교의 김영한 교수는 '얼굴의 남성성과 회사
의 위험도에 관한 연구'라는 주제로 연구를 진행한 결과 아

주 흥미로운 사실을 알아냈다.[64] 고고학자들이 개발한 두개골 측정 기술인 얼굴의 가로-세로 비율, 즉 fWHR[facial Width-to-Height Ratio]이 남성성 측정 방법으로 활용될 수 있다는 것, 다시 말해 이 비율이 남성호르몬인 테스토스테론의 노출과 연관성을 가지고 있다는 점에 착안했다. 여러 연구 조교들을 고용해 이들에게 회사 웹사이트나 구글 등으로부터 경영자들의 사진을 확보하게 한 후 최고경영자의 fWHR을 측정했다. 그 결과 일반인들의 fWHR 점수는 1.83 정도인데 비해, 미국 최고경영자 1162명에 대한 평균 점수는 2.0으로 나타난 것을 발견할 수 있었다. 이는 일반인들의 평균치보다 상당히 높은 수치다.

얼굴이 넓어질수록, 즉 남성성이 강한 경영자들일수록 더 큰 위험을 감수하는 경향을 갖고 있었다. 남성성이 강한 경영자가 좀 더 과감하고 적극적인 투자 경향을 보인다는 뜻이다. 무척 재미있는 논문이었지만 처음 김영한 교수를 서울대학교로 초청해 이 논문 발표를 들었을 때는 장난스런 생각도 들었다. 요즘 한국 기업들이 과감하게 투자하지 않는 점을 두고 기업가 정신을 탓하는 사람들이 있는데, 그렇다면 경영자들의 얼굴을 옆에서 잡아 가로로 주욱

늘려주면 되지 않을까 하는 짓궂은 생각이 들었기 때문이다. 물론 상관관계를 인과관계로 착각할 경우에만 일어날 수 있는 바보 같은 생각이라 입 밖으로 꺼내지는 않았다.

사회적 책임이 기업의 목적?

기업의 사회적 책임을 우선으로 하는 움직임은 주주들의 부를 극대화해야 하는 기업의 목적과 어떻게 조화를 이룰 수 있을까?

두 개의 주식이 있다고 해보자. 모든 면에서 동일하지만 하나는 사회적 책임을 다하는 좋은 기업의 주식이고, 다른 하나는 '갑질'과 사회적 물의로 얼룩진 나쁜 기업의 주식이라는 점만 다르다. 과연 시장에서 나쁜 기업의 주식은 좋은 기업의 주식보다 더 낮은 가격에 거래되고 있을까? 불매운동 등으로 인해 매출이 줄어 나쁜 기업이 미래에 벌어들일 현금이 줄어들 것이 확실시되면 그럴 수 있을 것이다. 그러나 나쁜 기업의 주식이 잠시 동안만 낮은 가격에 거래되는 것이라면 가격 하락은 오히려 투자자들에게 훌륭한 저가 매수의 기회가 될 뿐이다. ESG의 물결은 이를 등한시하는 기업이 시장에서 퇴출되도록 한다는 점에서 주가에 보다 근본적인 영향을 미칠 수 있는 외부효과를 만들고자 한다. 전 세계 주요국들이 기업의 성장이나 생존이 사회적 책임과 긴밀히 연결되도록 하는 환경을 조성해나가고 있는 것이 그 예다.

'지속 가능한 투자sustainable investing'를 보자. 이는 친환경적이면서 지속 가능한 투자를 말한다. 이와 관련한 투자액이 2016년 기준 23조 달러까지 늘어났다. 이렇게까지 투자액이 늘어난 이유는 지속 가능한 투자가 충분한 수익성 또한 보장하기 때문일 것이다. 최근 2019년 기준으로는 30조 달러까지 늘어났으며, 시장 지수보다 성과도 더 좋은 경우가 많았다. 다시 말해 ESG 투자는 충분히 수익성이 있는 투자다.

우리가 앞서 궁금해했던 질문으로 다시 돌아가보자. 기업의 사회적 책임이 과연 주주에게 도움이 될까? 결론부터 말하자면 그렇다고 주장하는 전문가들이 많다. 싱가포르 난양이공대학교의 강준구 교수는 주주와 사회적 책임의 관계에 대해 두 가지 가설을 세웠다.[65] 하나는 공헌을 많이 하는 것이 주주들에게도 더 이로울 것이라는 의견이고, 또 다른 하나는 기업이 사회에 공헌하기 위해 자원을 사용하면 이는 결국 주주들에게 비용으로 청구된다는 것이다.

이를 실증적으로 테스트하기 위해 우리나라의 기업 인수합병 사례들을 모아 두 가지 경우로 나누었다. 하나는 사회적 책임이 높은 기업이 인수자인 경우이고, 다른 하나는 사회적 책임이 낮은 기업이 인수자인 경우다. 인수합병은 주주들의 이해를 증진시키기 위해 추진되기도 하지만, 주주들을 희생시키면서 오로지 경영자를 위해 추진되기도 한다. 문제는 정보불균형으로 인해 공식적으로 발표된 인수합병 이면에 숨겨진 진짜 이유를 주주들이 명확히 알 수 없다는 데에 있다.

논문은 사회적 책임이 높은 기업이 인수합병을 발표하면, 사회적 책임이 낮은 기업이 인수합병을 발표할 때에 비해 발표일 전후 인수기업의 주가가 더 높다는 것을 찾아냈다. 시장이 인수합병 발표에 긍정적으로 반응하는 것이다. 이는 사회적 책임이 강한 기업의 경우, 이들에 의한 인수합병도 좋은 동기에서 비롯된 것일 가능성이 크다고 시장이 긍정적으로 받아들이기 때문이다. 사회적 책임을 다함으로써 인수합병과 같은 커다란 이벤트에서 유리한 반응을 이끌어낼 수 있기에 결국 사회적 책임이 주주들에게도 도움이 된다는 연구다.

또한 사회적 책임이 강한 기업은 주주 이외에 다양한 이해당사자들과의 관계도 좋아서 이들에게서 우호적인 반응을 얻어낼 수 있다. 가령 그 회사의 상품을 더 많이 소비해 준다거나 그 회사의 서비스를 더 많이 이용한다거나 하는 것이다. 이런 일들은 장기간에 걸쳐 회사의 높은 성과로 이어진다. 이렇게 해서 성과가 올라가면 결국 주주에게도 좋은 일이 될 것이다.

최근에 한국에서 번역 출간된 리베카 핸더슨[Rebecca Henderson]의 『자본주의 대전환』은 시사점이 크다. 유명한 사회운동가인 나오미 클라인[Naomi Klein]은 환경 문제에 관해 이제는 고전으로 꼽히는 자신의 저서에서 무분별한 자원 채굴로 인한 자연 파괴의 책임을 기업에게 묻고 주주우선주의를 폐지해야 한다고 주장했다. 반면 핸더슨은 주주우선주의의 폐지에는 동의하지만 환경, 자연, 사회의 모든 문제들은 기업에 대한 처벌의 강화가 아니라 기업이 수익을 쫓아가는 비즈니스 추구 자체를 통해 자연스럽게 해결해야 한다고 주장한다. 다시 말해 기업의 목적 자체를 주가 극대화가 아니라 공공의 부의 극대화로 새롭게 정립해야 하고,

그 목적을 달성하는 자연스러운 비즈니스 전략을 찾도록 하는 것이 문제 해결의 가장 중요한 기초가 될 것이라는 이야기다. 이런 방향으로 자본주의를 '재설계'하자는 도발적인 의견을 들고 나온 셈이다.

사회적 책임과 기업가치

우리는 흔히 어려운 상황에 놓였을 때 누가 진정한 친구인지를 알게 된다고 말한다. 기업도 마찬가지다. 금융위기에 처했을 때 그동안 기업이 쌓아올린 사회적 책임의 성과들이 빛을 발한다. 평소 사회적 책임이 강했던 기업이 그렇지 못했던 기업들에 비해 금융위기에 처했을 때 수익률이 유의하게 높다는 보고가 있다.[66] 쌓아놓은 신용과 신뢰가 위기 때 더욱 가치 있게 빛나기 때문이다.

사회적 책임과 기업가치의 연관성은 한국에서도 보고된 바 있다. 연세대학교 김창수 교수는 「기업의 사회적 책임 활동과 기업가치」라는 논문에서 기업지배구조가 양호한 기업들이 사회적 책임 활동을 더 많이 하고, 기업가치 또한 더 높다고 말한다.[67] 또 최대 주주 지분이 높은 기업이 사회적 책임 활동을 하면 기업가치는 더 크게 증가했다. 앞

에서 살펴보았듯이 대주주의 존재는 소액주주들에게 무임
승차의 기회가 되기도 하지만, 터널링으로 인해 해를 입힐
수도 있는 양날의 칼이다. 그런데 사회적 책임이 강해 시민
들과 신뢰관계가 좋은 기업의 경우, 시장은 대주주의 역할
또한 보다 긍정적인 쪽에 가까울 것이라고 평가한 셈이다.

사회적 책임과 기업가치의 연관성에 관한 자료는 이뿐
만이 아니다. 《포브스》는 매년 미국 기업들을 대상으로 '일
하기 좋은 100대 기업'을 선정해 그 명단을 공개한다. 그런
데 이런 순위에 오른 회사들이 실제 기업가치도 높을까?
일하기 좋은 회사라는 의미는 피고용인들의 만족도가 높
다는 뜻이다. 실제로 만족도가 높은 회사 100곳을 조사한
결과 이런 회사들일수록 재무성과가 월등히 높게 나타났
다.[68] 회사를 움직이는 것은 인적 자본이다. 그리고 그 인적
자본을 움직이는 것은 직원들이 얼마나 행복하게 일할 수
있는가에 달려 있다.

물론 이와 상반되는 의견들도 없지 않다. 기업의 사회적
책임이 높아질수록 주가도 떨어지고, 자산 수익률도 떨어
지고, 수익성도 떨어진다는 것이다. 주주들한테 가야 할 돈
을 사회적 책임 활동을 늘리는 데에 썼으니 이는 비용을 발

생시킨 것이라고 보는 견해다.[69]

어떤 사안이든 좋은 점이 있으면 나쁜 점이 있기 마련이고, 같은 상황에 처해도 긍정적으로 보는 사람이 있는가 하면 부정적으로 판단하는 사람도 있다. 다만 어느 쪽의 비중이 더 높은가의 차이는 존재한다. 최근에는 기업의 사회적 책임이 주주에게도 도움이 된다고 생각하는 쪽이 점차 더 많아지는 것으로 보인다. 사실 도움이 되는지 안되는지 자체는 이제 더 이상 중요한 질문이 아닐 수도 있다. 사회적 책임을 다하지 않는 기업은 더 이상 생존할 수 없도록 만드는 커다란 변화가 이미 닥쳐오고 있기 때문이다.

사실 ESG를 잘하고 있는 기업에 자발적으로 투자하는 'ESG 투자'는 투자자 자신의 이익을 위해서도 도움이 된다. 그리고 ESG 투자의 재무적 성과가 ESG를 고려하지 않는 경우에 뒤지지 않는다면(그러하다는 실증연구들이 쌓이고 있다), 기업들이 좀 더 나은 ESG를 위해 노력하는 것은 보다 많은 투자자들을 끌어들여 기업가치를 증대시키고자 하는 합당한 노력이 된다. 따라서 이를 수탁자의 신의성실의무fiduciary duty위반으로 볼 수는 없다.

연세대학교 조신 교수는 "궁극적으로는 기업 활동이 변

화해야 ESG 활동이 가능하긴 하지만, 기업들을 그런 방향으로 움직일 힘은 투자자로부터 나온다는 점"을 명심해야 한다고 말한다. 이는 ESG 투자가 '자선적'이거나 '갸륵한' 투자가 아니라 자발적이고 지속적인 투자가 되기 위해서는 국민연금 등 기관투자자의 역할이 중요하다는 것을 강조한 것이다.[70]

ESG의 흐름은 이제 기존의 자본시장에 있었던 도덕적 규범 또한 보다 공식적인 채널을 통해 체계적으로 작동시켜야 한다는 것을 뜻한다. ESG가 비교적 미미했을 때에도 자본시장에서 도덕적 규범은 작동하고 있었다. '죄악 주식 sin stock'을 예로 들어보자. 술, 담배 등을 만들거나 도박이나 공해 등을 유발하는 회사의 주식들이 죄악 주식에 속한다. 가령 담배 회사의 경우, 그 회사가 담배가 아닌 다른 것을 생산했다면 주가는 어땠을까? 프린스턴대학교의 해리슨 홍 교수는 자신의 연구 논문을 통해 죄악 주식의 기업들이 시장에서 페널티를 받고 있다고 말한다. 다른 모든 것이 같더라도 죄악 주식이라는 이유로 주가가 더 낮게 평가된다는 것이다.[71] 이는 자본시장에서 사회적 규범이나 도덕적 규범이 작동하고 있다는 증거다. 이제 이를 더욱 체계적으로 감싸 안아야 하는 것이 과제로 남는다.

그래서 기업의 주인은 누구인가

지금까지 우리는 주주가 기업의 주인이었을 때의 문제점에 대해 살펴보고 이런 시스템이 어디서부터 왔고, 어떻게 변화해왔는지 살펴보았다. 주주를 중심으로 발생하는 경영자와의 갈등, 채권자와의 갈등, 그리고 대주주와 소액주주와의 갈등, 이해당사자들과의 갈등에 대해서도 이야기했다. 살펴본 바대로 주주자본주의는 수많은 문제점을 안고 있다.

그래서 다시 질문은 반복된다. 기업의 주인은 누구일까? 예를 들어 치킨 가게 하나가 있다고 해보자. 이 치킨 가게의 주인은 누구일까? 한국에선 밤늦게 치킨 가게에 전화해도 배달이 온다. 정말 열심히 일한다. 대한민국 서울에 있는 치킨 가게 수가 전 세계에 있는 맥도날드 점포 수보다 많다는 건 널리 알려진 이야기다. 이런 통계가 의미하는 것은 우리나라 치킨 가게 시장이 완전경쟁이라는 뜻이다. 경쟁이 치열하다 보면 서로 조금이라도 더 싼 값에 닭을 팔려고 노력하게 되고, 이런 경쟁이 멈추지 않는 한 이익은 결국 제로로 수렴된다. 이런 시장에서 살아남으려면 더 열심히 일하고 더 열심히 파는 수밖에 없다. 이윤이 적을수록 더 많이 팔지 않으면 인건비조차 건지기 힘들 것이다.

어쨌든 그토록 치킨 가게에서 열심히 일하는 이유는 돈을 더 벌기 위해서다. 가게가 잘되면 모두 행복하겠지만 행복의 정도는 같지 않다. 가게가 돈을 더 많이 벌수록 더 많은 이익을 챙길 수 있는 집단은 결국 지분을 갖고 있는 주주들이다. 내 지분이 있으니 열심히 일해서 가게의 수익이 늘면 나는 그만큼 더 많은 돈을 가져갈 수 있다. 이것이 앞에서 이야기했던 잔여청구권이며, 주주는 곧 잔여청구권자다. 늘어난 자산 중 부채를 갚고 세금을 내고 남은 것은 모두 주주들의 몫이다. 그러니 가장 열심히 일할 인센티브를 갖는 것은 결국 주주다.

그래서 기업의 주인은 누구인가? 수십 년에 걸쳐 해온 이 질문을 여전히 하고 있는 이유는 무엇일까? 기업의 주인은 더 이상 주주가 아니라고 하면 과연 맞는 답일까?

실제로 여기에 대한 반성들이 많이 이루어지고 있고, 기업 환경도 많이 변화하고 있다. 주주행동주의의 대두, 빈부격차 심화, 자본시장 발달, 기업지배구조와 노사관계의 변화 등과 함께 법과 규제도 다양해지고 복잡해졌으며, 사람들의 인식과 감성 또한 달라졌다. 기업의 형태에 있어서는 협동조합이나 파트너십을 도입하려는 기업들도 많아졌다. 기존의 주식회사와 달리 좀 더 다양한 형태의 기업이 시도되거나 계획되고 있는 것이다. 여기에 환경과 지역사회에 대한 기업의 책임까지 고민하는 거대한 ESG의 물결까지 몰아치고 있다.

이제 기업가치 극대화가 어떻게 지구와 환경의 이슈들과 조화를 이룰 수 있는지 고민해야 할 때다. 그래서인지 2019년 비즈니스 라운드 테이블에 모인 경영자들이 서명한 "기업의 목적은 더 이상 주주만을 위한 게 아니라 고객, 직원, 납품업체, 커뮤니티 등 모든 이해당사자의 번영을 추구하는 데에 있다"는 성명서의 내용은 매우 고무적이며 혁명적이기까지 하다(물론 그 실효성을 의심하는 견해들도 상당하다).

ESG의 마지막 글자 G는 기업지배구조, 즉 거버넌스 Governance를 의미한다. 재벌이라는 특이한 기업지배구조 시스템이 아직도 막강한 힘을 행사하는 오늘날의 한국에서 주주들의 권리를 보호하기 위해 특히 중요한 지점이 바로 이 부분이다. 불행히도 한국은 선진국들 중에서도 거버넌스 측면에서 아주 박한 점수를 받는 나라다. 일반주주들의 이익이 지배주주들의 이해에 가려지거나 침해되는 경우가 다반사다. 주주 이익이 부당하게 침해되었을 때 엄격하게 법으로 책임을 묻는 다른 선진국의 예를 보고 있으면 특히나 아쉬움이 크다. 다른 나라들에서 환경Environment이나 사회Society의 이익과 기업의 목적을 일치시키려는 노력들이 보다 구체적으로 드러나기 시작하는 요즘, 아직도 주주의 권리가 제대로 뿌리내리지 못하고 있는 한국의 기업들을 보는 심정이 착잡하다.

지금껏 우리는 주주를 중심으로 발생하는 다양한 갈등에 대해 알아봤고, 그리고 어떻게 하면 그 갈등을 줄일 수 있는지에 대해서도 이야기했다. 이는 실제로 기업재무에서의 핵심 요소들이며, 많은 경제학자와 재무 관련 분야에서 일하는 사람들이 끊임없이 고민하는 부분이기도 하다. 앞으로도 이런 고민들은 지속되어야 하고, 더 깊고 넓게 발전시켜 나가야 할 것이다. 더 행복해지기 위해서뿐만 아니라 생존을 위해서도 그렇다.

Q 묻고 A 답하기

기업의 가치를 높이기 위해 기업의 사
회적 책임 활동이 구체적으로 어떻게
이루어져야 할까?

기업의 사회적 책임은 이제 선택 사항이 아니다.
기업의 장기적 성장성과 지속 가능성은 사회적 책
임과 유기적으로 결합된다. 이제 더 이상 기업의
성장은 사회적 책임과 상충되는 그 무엇이 아니
다. 기업들은 기존에 해왔던 기부나 베풂과 같은
소극적인 사회적 책임을 뛰어넘어 보다 적극적으
로 시민사회에 도움을 주는 의무를 다할 수 있도록

노력해야 한다. 그리고 그것 자체가 기업의 목적이 되어야 하며, 기업은 이런 활동을 통해 가치를 극대화하고 생존할 수 있다.

공매도라는 용어는 왜 문제인가? 그리고 공매도가 주가를 떨어뜨린다고 생각하면서 어떻게 내 주식을 빌려줄 수 있을까?

공매도는 없는 주식을 판다는 뜻에서 나온 말이다. 그러나 엄밀히 말하면 주식을 '빌려와' 파는 것이므로 없는 주식을 파는 것은 아니다. 없는 주식을 파는 것은 무차입공매도로 이는 법적으로 허용되지 않는다. 합법적인 공매도는 주식을 빌려와 파는 차입공매도뿐이다. 차입했을 경우 주식을 보유하고 있는 셈이므로 차입'공'매도라는 이름은 부적절하다. 따라서 '차입매도'라는 용어가 가장 적절하다고 할 수 있다.

차입매도가 주가를 떨어뜨린다고 생각하면서 그들에게 주식을 빌려준다는 것 자체가 모순적으로 들리는 것은 사실이다. 그러나 대부분의 소액 투자자들에게 이는 문제될 것이 없다. 내가 빌려준 소량의 주식이 공매도로 이어져 주가를 떨어뜨릴 확률 자체가 높지 않기 때문이다. 그보다는 주식을 대여해주고 받는 수수료 수입이 더 클 수 있다. 따라서 적정한 수수료가 보장된다면 주주들은 기꺼이 자신의 주식을 공매도자들에게 빌려줄 인센티브를 갖게 된다.

외국인이 주주가 되어 참여하는 것은 효율적인가?

기업이 얼마나 효율적으로 영업을 할 수 있는지와 주주의 국적은 엄밀히 말해 유의한 관계가 없다. 주주에 차별을 둘 필요가 없다는 말이다. 외국인이든 개인이든 기관이든 주식을 갖고 있으면 주주다. 한국 사회가 외국인들에게 배타적인 면을 보이는 것은 사실이다. 외국인들이 '먹튀'를 했다던가, 지배권을 위협한다던가, 기업의 핵심적 기술력을 빼먹는다던가 하는 뉴스를 심심치 않게 접한다. 그러나 이런 것들은 내국인들에게도 똑같이 적용되는 문제다. 외국인들을 주주로 대접하지 않으면 어떤 외국인들이 한국에 투자하겠는가. 외국인 투자자들 또한 주주라는 사실을 잊으면 안 된다.

이것은 가장 기본적인 질문이다

2020년 프로야구 정규 리그와 한국시리즈 우승팀은 'NC 다이노스'다. 잘 알려진 대로 엔씨소프트가 운영하는 구단이다. 야구광으로 알려진 엔씨소프트 김택진 대표에게는 특히나 기쁜 뉴스였을 것이다. 우승한 이후 연말, "택진이 형이 쏜다"는 제목의 기사가 떴다.[72] 엔씨소프트 전 직원에게 격려금 200만 원씩을 선물한다는 내용이었다. 톡방에 모인 동료 교수 한 명이 이 기사를 올리며 혀를 끌끌 찼다. 또 다른 교수는 배를 잡고 웃는 이모티콘을 보냈다. 김택진 대표의 지분이 12%에 불과한데 신문기사가 마치 지분율 100%의 자기 회사인 양 '쏜다'는 표현을 제목으로 뽑은 것은 매우 잘못되었다는 지적이었다. 회사 돈은 대표 돈이 아니라 당연히 주주들의 돈이다. 회사의 주인이 주주들이니 격려금을 주는 것은 당연히 주주들이 결정할 일이었다. 우리는 이런 식의 잘못된 기사들을 너무 자주, 많이 접한다.

코로나19가 전 지구를 집어삼키고 있는 동안 동학개미라 불리는 개인 투자자들이 한국 증시의 든든한 버팀목이 되고 있다는 말이 들린다. 그러나 부동산 정책 실패, 빈부 격차 확대, 고용 기회 축소 등으로 이래저래 피곤한 개인들이 주식 투자를 인생역전 꿈의 마지막 보루로 선택한 것을 두고 버팀목이라고 응원하는 것은 그들을 걱정하는 것만큼이나 커다란 실례이자 착각일 수 있다. 투자는 스스로 책임지는 것이다. 그러니 투자자들이 스스로 알아서 할 일이다. 다만 동학개미들이 증시에서 부당하게 피해를 보는 일이 없도록 시장을 감시하는 일만큼은 게을리해서는 안 된다.

한국에서 주주들은 대주주나 재벌, 경영자들의 전횡에 의해 피해를 입기 일쑤였다. 최근에는 유망한 사업 부분을 자회사로 독립 · 상장시켜 모회사 주주들에게 피해를 끼치는 무분별한 자회사 상장이 문제가 되고 있다. 일감 몰아주기로 기업을 키우는 편법 상속도 어제오늘의 일이 아니다. 그룹 지배권을 두고 형제들이 싸우는 모습은 더 이상 형제의 난으로 부르기도 민망한 클리셰다. 한국 최고의 재벌 그룹 부회장은 뇌물죄로 기소되어 복역 중이다가 얼마 전 특혜 논란 끝에 가석방되었다. 법보다 재벌이 위에 있게 된다면, 그래서 법치주의가 타격을 받게 된다면 그것이 얼마나 위험한 일이 될지를 초등학교 때부터 배워왔음에도 우리가 살고 있는 사회는 여전히 그러하다.

전환사채를 이용한 편법증여는 이미 재벌가 전횡의 고전적 사례다. 국내 1위, 세계 7위 컨테이너 선사였던 모 해운사는 도대체 알 수 없는 이유로 파산 절차를 밟고 공중분해되었다. 사모펀드 업계 또한 조용한 것과는 거리가 멀다. 아예 대놓고 사기를 치며 투자자들을 모았던 사건에서는 지금은 드러나 있지 않지만 고위급 정치인들과 거물 인사들의 이름이 모락모락 피어난다. 대충 생각나는 대로 몇 가지만 나열해도 이 정도다. 그리고 이 모든 사건들을 통해 알 수 있는 것은 아직 한국에서는 주주가 기업의 주인으로 대접받는 주주자본주의조차 요원해 보인다는 것이다.

전 세계 선진국들이 주주우선주의를 발전적으로 해체하고 지역사회와 국가, 심지어 병든 지구를 고치는 책임까지 강제적으로 기업에 맡기고, 기업 또한 이를 생존의 이슈로 받아들여 자본주의의 패러다임을 바꾸는 소위 ESG 논의가 한창인 것을 지켜보는 마음은, 이 모든 것들이 마땅히 환영할 만한 일임에도 불구하고 쓰리고 부럽기만 하다. 주주만이 기업의 주인은 아니라는 흐름이 밀려오는데, 한국에선 아직 주주조차 기업의 주인이 아니기 때문이다. 환경은 커녕 아직도 기업을 제멋대로 쪼개고 붙이며 사익 편취의 수단으로 삼는 것에 속수무책인 후진 기업지배구조로 결국 고통을 받는 것은 자본시장에 성실히 참여하는 주주들일 것이다. 이제 이런 피해는 더 이상 생기지 않아야 한다. 주주들이 당당히 목소리를 높이고 대접받기를 응원한다. 이는 가장 기본적인 것이다.

1. Jensen, M.C., Meckling, W.H., 1976. "Theory of the firm: Managerial behavior, agency costs and ownership structure", Journal of Financial Economics 3, 305-360.

2. Stout, L.A., 2012. "The Shareholder Value Myth: How Putting Shareholders First Harms Investors, Corporations, and the Public", Berrett-Koehler Publishers.

3. Stein, J.C., 1989. "Efficient Capital Markets, Inefficient Firms: A Model of Myopic Corporate Behavior", Quarterly Journal of Economics 104, 655-669.

4. Graham, J.R., Harvey, C.R., Shiva, R., 2006. "Value Destruction and Financial Reporting Decisions", Financial Analysts Journal 62, 27-39.

5. "Global equity market shrinks as buybacks surge", Financial Times, 2018. 8. 17.

6. Doidge, C., Karolyi, G.A., Stulz, R.M., 2013. "The U.S. left behind? Financial globalization and the rise of IPOs outside the U.S.", Journal of Financial Economics 110, 546-573.

7. 중국 기업들이 미국에 상장하면서 '반칙'을 하는 경우가 꽤 있다. 상장되지 않은 장외 기업이 상장된 기업과 합병함으로써 상장 심사나 공모주 청약 등의 절차를 밟지 않은 채 장내로 진입하는 우회상장을 악용하는 케이스다. 더 자세히 알고 싶다면 〈차이나 허슬: 거대한 사기〉라는 다큐멘터리를 추천한다.

8. Ferreira, M. A., Matos, P., 2008. "The colors of investors' money: The role of institutional investors around the world", Journal of Financial Economics 88, 499-533.

9. "Fidelity's divided loyalties", Business Week, 2006. 10. 16.

10. "(한국경제 길을 묻다)모든 기업 경쟁하고 견제 받아야 한다", 매일경제, 2019. 3. 17.

11. "행동주의 펀드 우후죽순… 주총 '긴장 모드'", 한국경제, 2019. 3. 10.

12. "Trump's tax cuts in hand, companies spend more on themselves than on wages", NY Times, 2018. 2. 26.

13. "Apple says it will buy back $100 billion in stock", NY Times, 2018. 5. 1.

14. Ewens, M. and J. Farre-Mensa, 2018. "The Deregulation of the Private Equity Markets and the Decline in IPOs", working paper.

15. 이와 관련해 흔히 '경영권'이라는 용어가 쓰인다. 그러나 기업지배 전문가인 고려대학교 경영대학의 김우찬 교수는 '지배권'이라는 용어를 사용할 것을 제안한다. '경영을 할 권리'라는 말은 애매하고 부정확하다. 지분을 통해 기업을 지배하는 자가 경영에 자신의 의지를 반영하기 쉽다는 면에서 보다 정확한 용어는 지배권일 것이다. 이 책에서는 지배권이라는 용어를 쓰기로 한다.

16. 양철원, 2018. "국민연금의 의결권 행사에 대한 실증분석", 자산운용연구 6, 1-16.

17. 전홍민, 신상이, 2015. "국민연금의 투자가 회계적 이익 조정에 미치는 영향", 회계 연구 20, 165-188.

18. Akerlof, G.A., 1970. "The Market for 'Lemons': Quality Uncertainty and the Market Mechanism", Quarterly Journal of Economics 84, 488-500.

19. "CEO 연봉 많이 주면 기업 실적 좋아질까", 한국경제, 2017. 1. 6.

20. Bartov, E. and P. Mohanram, 2004. "Private Information, Earnings Manipulations, and Executive Stock-Option Exercises", Accounting Review 79(4), 889-920.

21. Gabaix, X., Landier, A., 2008. "Why has CEO pay increased so much?", Quarterly Journal of Economics 123, 49-100.

22. 타일러 코웬, 『타일러 코웬의 기업을 위한 변론』, 한국경제신문, 2019.

23. Quigley, T.J., Hambrick, D.C., 2015. "Has the 'CEO effect' increased in recent decades? A new explanation for the great rise in America's attention to corporate leaders", Strategic Management Journal 36, 821-830.

24. "Wall Street Gets the Flak, But Tech CEOs Get Paid All the Money", Bloomberg, 2020. 7. 10.

25. "한국 CEO 연봉 톱 10 보수, 미국 20%, 일본 77% 수준", 조선비즈, 2018. 7. 8.

26. "100대 기업 CEO급 평균 연봉 7억 6000만 원", 조선비즈, 2020. 4. 2.

27. "CEO pay in 2012 was extraordinarily high relative to typical workers and other high earners", Economic Policy Institute, 2013.

28. 이준구, "대기업 최고 경영진의 고액 연봉은 정당한가", 2014. 4. 4.

29. Black, B., Kim, W., 2012. "The effect of board structure on firm value: A multiple identification strategies approach using Korean data" Journal of Financial Economics 104, 203-226

30. Weisbach, M. S., 1988. "Outside directors and CEO turnover", Journal of Financial Economics 20, 431-460.

31. Adams, R. B. and D. Ferreira, 2007. "A Theory of Friendly Boards", Journal of Finance 62(1), 217-250.

32. Bebchuk, L. A. and A. Cohen, 2005. "The costs of entrenched boards", Journal of Financial Economics 78(2), 409-433.

33. Hwang, B.-H., Kim, S., 2009. "It pays to have friends", Journal of Financial Economics 93, 138-158.

34. Goldman, E., Rocholl, J., So, J., 2009. "Do Politically Connected Boards Affect Firm Value?", Review of Financial Studies 22, 2331-2360.

35. Lee, J., Lee, K.J., Nagarajan, N.J., 2014. "Birds of a feather: Value implications of political alignment between top management and directors", Journal of Financial Economics 112, 232-250.

36. "Want to invest in underperforming companies with no outside directors? Go to Japan", Economist, 2012. 11. 3.

37. "(자본시장 개혁 3.0)④ 기업지배구조… 앞서가는 일본, 뒤처지는 한국", 조선비즈, 2017. 2. 8.

38. Scharfstein, D., 1988. "The Disciplinary Role of Takeovers", Review of Economic Studies 55(182), 185.

39. "상시적 경영권 위협 심각… 포이즌 필 등 적극 도입해야", 매일경제, 2018. 5. 16. 도표 자료:한국상장회사협의회.코스닥협회 취합

40. "'테뉴어 보팅' 3개 타깃… 장기투자, 경영권 방어, 힘센 연기금 유도", 매일경제, 2018. 7. 17.

41. Liu, Y., Mauer, D.C., 2011. "Corporate cash holdings and CEO compensation incentives", Journal of Financial Economics 102, 183-198.

42. Dahya, J., et al., 2008. "Dominant shareholders, corporate boards, and corporate value: A cross-country analysis", Journal of Financial Economics 87(1), 73-100.

43. Bae, K.-H., Kang, J.-K., Kim, J.-M., 2002. "Tunneling or Value Added? Evidence from Mergers by Korean Business Groups", Journal of Finance 57, 2695-2740.

44. "지주회사 전환 '마술'… 재벌일가 지분율 2배 껑충", 한겨레, 2018. 11. 13.

45. 박진우, 이민교, 2019. 「중견기업의 인적분할을 통한 지주회사 전환」, 한국증권학회지 48, 1-27.

46. Bae, G.S., Cheon, Y.S., Kang, J.-K., 2008. "Intragroup Propping: Evidence from the Stock-Price Effects of Earnings Announcements by Korean Business Groups", Review of Financial Studies 21, 2015-2060.

47. Jian, M., Wong, T.J., 2010. "Propping through related party transactions", Review of Accounting Studies 15, 70-105.

48. 박상인, 2019. "일감 몰아주기 현황과 사익 편취 방지를 위한 정책 과제", 기업지배구조리뷰 90.

49. Doidge, C., Karolyi, G.A., Stulz, R.M., 2007. "Why do countries matter so much for corporate governance?", Journal of Financial Economics 86, 1-39.

50. La Porta, R., Lopez-de-Silanes, F., Shleifer, A., Vishny, R.W., 1998. "Law and finance", Journal of Political Economy 106, 1113.

51. 신흥시장과 선진국이라는 말을 함께 사용하고 있는데, 신흥시장의 반대말이 선진국은 아니다. 우리나라 같은 경우는 신흥시장인 동시에 선진국이기도 하다.

52. Morck, R., Yeung, B., Yu, W., 2000. "The information content of stock markets: why do emerging markets have synchronous stock price

movements?", Journal of Financial Economics 58, 215-260.

53. Dyck, A., Volchkova, N., Zingales, L., 2008. "The Corporate Governance Role of the Media: Evidence from Russia", Journal of Finance 63, 1093-1135.

54. Tetlock, P.C., 2007. "Giving Content to Investor Sentiment: The Role of Media in the Stock Market", Journal of Finance 62, 1139-1168.

55. Antweiler, W., Frank, M.Z., 2004. "Is All That Talk Just Noise? The Information Content of Internet Stock Message Boards", Journal of Finance 59, 1259-1294.

56. Kelley, E.K., Tetlock, P.C., 2017. "Retail short selling and stock prices", Review of Financial Studies 30, 801-834.

57. Dyck, A., Volchkova, N., Zingales, L., 2008. "The Corporate Governance Role of the Media: Evidence from Russia", Journal of Finance 63, 1093-1135.

58. Core, J.E., Guay, W., Larcker, D.F., 2008. "The power of the pen and executive compensation", Journal of Financial Economics 88, 1-25.

59. Dyck, A., Morse, A., Zingales, L., 2011. "Who Blows the Whistle on Corporate Fraud?", Journal of Finance 65, 2213-2253.

60. Kim, Y., Park, M.S., Wier, B., 2012. "Is Earnings Quality Associated with Corporate Social Responsibility?", Accounting Review 87, 761-796.

61. Dhaliwal, D.S., Radhakrishnan, S., Tsang, A., Yong George, Y., 2012. "Nonfinancial Disclosure and Analyst Forecast Accuracy: International Evidence on Corporate Social Responsibility Disclosure", Accounting Review 87, 723-759.

62. Liang, H., Renneboog, L., 2017. "On the Foundations of Corporate Social Responsibility", Journal of Finance 72, 853-910.

63. Cronqvist, H., Yu, F., 2017. "Shaped by their daughters: Executives, female socialization, and corporate social responsibility", Journal of Financial Economics 126, 543-562.

64. Kamiya, S., Kim, Y.H., Park, S., 2019. "The face of risk: CEO facial masculinity and firm risk", European Financial Management 25, 239-270.

65. Deng, X., Kang, J.-k., Low, B.S., 2013. "Corporate social responsibility and stakeholder value maximization: Evidence from mergers", Journal of Financial Economics 110, 87-109.

66. Lins, K.V., Servaes, H., Tamayo, A.N.E., 2017. "Social Capital, Trust, and Firm Performance: The Value of Corporate Social Responsibility during the Financial Crisis", Journal of Finance 72, 1785-1824.

67. 김창수, 2009. "기업의 사회적 책임 활동과 기업가치", 한국증권학회지 38, 507-545.

68. Edmans, A., 2011. "Does the stock market fully value intangibles? Employee satisfaction and equity prices", Journal of Financial Economics 101, 621-640.

69. Di Giuli, A., Kostovetsky, L., 2014. "Are red or blue companies more likely to go green? Politics and corporate social responsibility", Journal of Financial Economics 111, 158-180.

70. 조신, 『넥스트 자본주의, ESG』, 사회평론, 2021.

71. Hong, H., Kacperczyk, M., 2009. "The price of sin: The effects of social norms on markets", Journal of Financial Economics 93, 15-36.

72. "'택진이 형이 쏜다' 엔씨, 성탄 전야에 전 직원 격려금 200만 원 선물", 서울신문, 2020. 12. 22.

1. 김창수, 2009. "기업의 사회적 책임 활동과 기업가치", 한국증권학회지 38.

2. 로리 바시 외 공저, 『굿 컴퍼니: 착한 회사가 세상을 바꾼다』, 틔움, 2012.

3. 박상인, 2019. "일감 몰아주기 현황과 사익 편취 방지를 위한 정책 과제", 기업지배구조리뷰 90.

4. 박진우, 이민교, 2019. "중견기업의 인적분할을 통한 지주회사 전환", 한국증권학회지 48.

5. 이나모리 가즈오, 『아메바 경영』, 한국경제신문사, 2017.

6. 마이클 루이스, 『플래시 보이스』, 비즈니스북스, 2014.

7. 양철원, 2018. "국민연금의 의결권 행사에 대한 실증분석", 자산운용연구 6.

8. 워런 버핏, 『워런 버핏의 주주서한』, 서울문화사, 2014.

9. 이준구, "대기업 최고경영진의 고액 연봉은 정당한가", 2014. 4. 4.

10. 전홍민, 신상이, 2015. "국민연금의 투자가 회계적 이익 조정에 미치는 영향", 회계연구 20.

11. 조신, 『넥스트 자본주의, ESG』, 사회평론, 2021.

12. **타일러 코웬,『기업을 위한 변론』, 한국경제신문사, 2019.**

13. **리베카 핸더슨,『자본주의 대전환』, 어크로스, 2021.**

14. **Adams, R. B. and D. Ferreira, 2007. "A Theory of Friendly Boards", Journal of Finance 62(1), 217-250.**

15. **Akerlof, G.A., 1970. "The Market for 'Lemons': Quality Uncertainty and the Market Mechanism", Quarterly Journal of Economics 84, 488-500.**

16. **Antweiler, W., Frank, M.Z., 2004. "Is All That Talk Just Noise? The Information Content of Internet Stock Message Boards", Journal of Finance 59, 1259-1294.**

17. **Armstrong, C.S., Vashishtha, R., 2012. "Executive stock options, differential risk-taking incentives, and firm value", Journal of Financial Economics 104, 70-88.**

18. **Bae, G.S., Cheon, Y.S., Kang, J.-K., 2008. "Intragroup Propping: Evidence from the Stock-Price Effects of Earnings Announcements by Korean Business Groups", Review of Financial Studies 21, 2015-2060.**

19. **Bae, K.-H., Kang, J.-K., Kim, J.-M., 2002. "Tunneling or Value Added? Evidence from Mergers by Korean Business Groups", Journal of Finance 57, 2695-2740.**

20. **Bartov, E. and P. Mohanram, 2004. "Private Information, Earnings Manipulations, and Executive Stock-Option Exercises", Accounting Review 79(4), 889-920.**

21. **Bebchuk, L. A. and A. Cohen, 2005. "The costs of entrenched boards", Journal of Financial Economics 78(2), 409-433.**

22. **Bernstein, S., 2015. "Does Going Public Affect Innovation?", Journal of**

Finance 70(4), 1365-1403.

23. Black, B., Kim, W., 2012. "The effect of board structure on firm value: A multiple identification strategies approach using Korean data" Journal of Financial Economics 104, 203-226

24. Coles, J.L., Daniel, N.D., Naveen, L., 2006. "Managerial incentives and risk-taking", Journal of Financial Economics 79, 431-468.

25. Core, J.E., Guay, W., Larcker, D.F., 2008. "The power of the pen and executive compensation", Journal of Financial Economics 88, 1-25.

26. Cronqvist, H., Yu, F., 2017. "Shaped by their daughters: Executives, female socialization, and corporate social responsibility", Journal of Financial Economics 126, 543-562.

27. Dahya, J., et al., 2008. "Dominant shareholders, corporate boards, and corporate value: A cross-country analysis", Journal of Financial Economics 87(1), 73-100.

28. Deng, X., Kang, J.-k., Low, B.S., 2013. "Corporate social responsibility and stakeholder value maximization: Evidence from mergers", Journal of Financial Economics 110, 87-109.

29. Dhaliwal, D.S., Radhakrishnan, S., Tsang, A., Yong George, Y., 2012. "Nonfinancial Disclosure and Analyst Forecast Accuracy: International Evidence on Corporate Social Responsibility Disclosure", Accounting Review 87, 723-759.

30. Di Giuli, A., Kostovetsky, L., 2014. "Are red or blue companies more likely to go green? Politics and corporate social responsibility", Journal of Financial Economics 111, 158-180.

31. Doidge, C., Karolyi, G.A., Stulz, R.M., 2007. "Why do countries matter

so much for corporate governance?", Journal of Financial Economics 86, 1-39.

32. Doidge, C., Karolyi, G.A., Stulz, R.M., 2013. "The U.S. left behind? Financial globalization and the rise of IPOs outside the U.S.", Journal of Financial Economics 110, 546-573.

33. Dyck, A., Morse, A., Zingales, L., 2011. "Who Blows the Whistle on Corporate Fraud?", Journal of Finance 65, 2213-2253.

34. Dyck, A., Volchkova, N., Zingales, L., 2008. "The Corporate Governance Role of the Media: Evidence from Russia", Journal of Finance 63, 1093-1135.

35. "CEO pay in 2012 was extraordinarily high relative to typical workers and other high earners", Economic Policy Institute, 2013.

36. Edmans, A., 2011. "Does the stock market fully value intangibles? Employee satisfaction and equity prices", Journal of Financial Economics 101, 621-640.

37. Ferreira, M.A., Matos, P., 2008. "The colors of investors' money: The role of institutional investors around the world:, Journal of Financial Economics 88, 499-533.

38. Gabaix, X., Landier, A., 2008. "Why has CEO pay increased so much?", Quarterly Journal of Economics 123, 49-100.

39. Gaspar, J.-M., et al., 2005. "Shareholder investment horizons and the market for corporate control", Journal of Financial Economics 76(1), 135-165.

40. Goldman, E., Rocholl, J., So, J., 2009. "Do Politically Connected Boards Affect Firm Value?", Review of Financial Studies 22, 2331-2360.

41. Graham, J.R., Harvey, C.R., Shiva, R., 2006. "Value Destruction and Financial Reporting Decisions", Financial Analysts Journal 62, 27-39.

42. Hong, H., Kacperczyk, M., 2009. "The price of sin: The effects of social norms on markets", Journal of Financial Economics 93, 15-36.

43. Hwang, B.-H., Kim, S., 2009. "It pays to have friends", Journal of Financial Economics 93, 138-158.

44. Jensen, M.C., Meckling, W.H., 1976. "Theory of the firm: Managerial behavior, agency costs and ownership structure", Journal of Financial Economics 3, 305-360.

45. Jian, M., Wong, T.J., 2010. "Propping through related party transactions", Review of Accounting Studies 15, 70-105.

46. Kamiya, S., Kim, Y.H., Park, S., 2019. "The face of risk: CEO facial masculinity and firm risk", European Financial Management 25, 239-270.

47. Kim, Y., Park, M.S., Wier, B., 2012. "Is Earnings Quality Associated with Corporate Social Responsibility?", Accounting Review 87, 761-796.

48. Kelley, E.K., Tetlock, P.C., 2017. "Retail short selling and stock prices", Review of Financial Studies 30, 801-834.

49. La Porta, R., Lopez-de-Silanes, F., Shleifer, A., Vishny, R.W., 1998. "Law and finance", Journal of Political Economy 106, 1113.

50. Lee, J., Lee, K.J., Nagarajan, N.J., 2014. "Birds of a feather: Value implications of political alignment between top management and directors", Journal of Financial Economics 112, 232-250.

51. Liang, H., Renneboog, L., 2017. "On the Foundations of Corporate Social Responsibility", Journal of Finance 72, 853-910.

52. Lins, K.V., Servaes, H., Tamayo, A.N.E., 2017. "Social Capital, Trust, and Firm Performance: The Value of Corporate Social Responsibility during the Financial Crisis", Journal of Finance 72, 1785-1824.

53. Liu, Y., Mauer, D.C., 2011. "Corporate cash holdings and CEO compensation incentives", Journal of Financial Economics 102, 183-198.

54. Morck, R., Yeung, B., Yu, W., 2000. "The information content of stock markets: why do emerging markets have synchronous stock price movements?" Journal of Financial Economics 58, 215-260.

55. Quigley, T.J., Hambrick, D.C., 2015. "Has the 'CEO effect' increased in recent decades? A new explanation for the great rise in America's attention to corporate leaders.", Strategic Management Journal 36, 821-830.

56. Scharfstein, D., 1988. "The Disciplinary Role of Takeovers", Review of Economic Studies 55(182), 185.

57. Stein, J.C., 1989. "Efficient Capital Markets, Inefficient Firms: A Model of Myopic Corporate Behavior", Quarterly Journal of Economics 104, 655-669.

58. Stout, L.A., 2012. "The Shareholder Value Myth: How Putting Shareholders First Harms Investors, Corporations, and the Public", Berrett-Koehler Publishers.

59. Tetlock, P.A., 2007. "Giving Content to Investor Sentiment: The Role of Media in the Stock Market", Journal of Finance 62, 1139-1168.

60. Weisbach, M. S., 1988. "Outside directors and CEO turnover", Journal of Financial Economics 20, 431-460.

KI신서 10211

기업은 누구의 것인가

1판 1쇄 인쇄 2022년 4월 15일
1판 3쇄 발행 2024년 4월 17일

지은이 이관휘
펴낸이 김영곤
펴낸곳 ㈜북이십일 21세기북스

서가명강팀장 강지은 **서가명강팀** 박강민 서윤아
디자인 THIS-COVER
출판마케팅영업본부장 한충희
마케팅2팀 나은경 정유진 백다희 이민재
출판영업팀 최명열 김다운 김도연 권채영
제작팀 이영민 권경민

출판등록 2000년 5월 6일 제406-2003-061호
주소 (10881) 경기도 파주시 회동길 201 (문발동)
대표전화 031-955-2100 **팩스** 031-955-2151 **이메일** book21@book21.co.kr

(주)북이십일 경계를 허무는 콘텐츠 리더

21세기북스 채널에서 도서 정보와 다양한 영상자료, 이벤트를 만나세요!
페이스북 facebook.com/jiinpill21   포스트 post.naver.com/21c_editors
인스타그램 instagram.com/jiinpill21   홈페이지 www.book21.com
유튜브 youtube.com/book21pub

서울대 가지 않아도 들을 수 있는 명강의! 〈서가명강〉
유튜브, 네이버, 팟캐스트에서 '서가명강'을 검색해보세요!

ⓒ 이관휘, 2022

ISBN 978-89-509-0056-4 04300
        978-89-509-7942-3 (세트)